BERLITZ®

Italian

WORKBOOK

Anna Di Stefano

Workbook series devised by Lynne Strugnell

Italian Workbook written by Anna Di Stefano

Handwriting font © Henry Bloomfield 1994

© 1994 Berlitz Publishing Co., Ltd.

Berlitz Publishing Co., Ltd., Berlitz House, Peterley Road, Oxford OX4 2TX, UK

Berlitz Publishing Co., Inc., 257 Park Avenue South, New York, NY 10010, USA

ISBN 2-8315-1325-1

First Printing 1994. Printed in UK.

CONTENTS

Introduction

For over a century, Berlitz language courses and books have helped people learn foreign languages for business, for pleasure and for travel – concentrating on the application of modern, idiomatic language in practical communication.

This *Berlitz Italian Workbook* is designed for students who have learned enough Italian for simple day-to-day communication and now want to improve their linguistic knowledge and confidence.

Maybe you are following an evening class or a self-study course and want some extra practice – or perhaps you learned Italian some time ago and need to refresh your language skills. Either way, you will find the *Berlitz Italian Workbook* an enjoyable and painless way to improve your Italian.

How to Use the Workbook

We recommend that you set yourself a consistent weekly, or, if possible, daily study goal – one that you can achieve. The units gradually increase in difficulty and have a continuous storyline, so you will probably want to start at Unit 1.

Each unit focuses on a specific topic or situation: introducing yourself; eating out; travel; leisure activities and many more. Within the unit you will find exercises and word puzzles that build your vocabulary, grammar and communication skills. The exercises vary, but each unit follows the same basic sequence:

Match Game	relatively easy matching exercises that introduce each topic
Talking Point	a variety of exercises based on lively, idiomatic dialogues. Read these dialogues thoroughly, as they introduce the language you will use in the subsequent exercises
Word Power	imaginative vocabulary-building activities and games
Language Focus	specific practice in problem areas of grammar
Reading Corner	challenging comprehension questions based on a short text
Write Here	short writing tasks using key vocabulary and grammar from the previous exercises

We have provided space for you to write the answers into your Workbook if you wish, although you may prefer to write them on a separate sheet of paper.

If you want to check the meaning of a Italian word, the Glossary at the back of the Workbook gives you its English translation. The Grammar section offers a handy overview of the essential structures covered in this Workbook, and you can check all of your answers against the Answer Key.

We wish you every success with your studies and hope that you will find the *Berlitz Italian Workbook* not only helpful, but fun as well.

UNIT 1: All about me

In Unit 1 you will give your name and address, introduce yourself, and talk about nationalities.

Match Game

1. Verb *essere*

Match the words in the box on the left with the appropriate form of the verb.

loro Lei lei noi
il Sig. e la Sig.ra Fabbri
lui io voi Michele tu
io e Monica

sei sono
è siamo siete

Talking Point

2. Introductions

This morning Mario Cecconi has an interview for a new job. He has just arrived for the interview. Read the dialogue, and fill in each of the blanks with one of the items given below.

mi	sono	scusi	piacere	è	non sono

Mario	Buon giorno.
Monica	Buon giorno! Il Sig. Fabbri?
Mario	No, _____ il Sig. Fabbri. Io __ chiamo Mario Cecconi.
Monica	Oh, Sig. Cecconi, mi _____ tanto! Io _____ Monica Piccoli.
Mario	Molto _____
Monica	Un caffè? Un tè?
Mario	Si, grazie. Un caffè.
Monica	Angela! Angela! ... Angela? Dov' _____ ?
Angela	Oh, mi scusi! Si?
Monica	Angela, un caffè e un tè per favore.

5

Word Power

3. Countries and nationalities

Complete the table.

Paese	Nazionalità
Francia	francese
Spagna	
Inghilterra	
	tedesco
	scozzese
Italia	
gli Stati Uniti	
	canadese
Giappone	
Brasile	
	indiano
Australia	

4. Numbers

Rearrange the letters to find the numbers, and then match the words to the numbers.

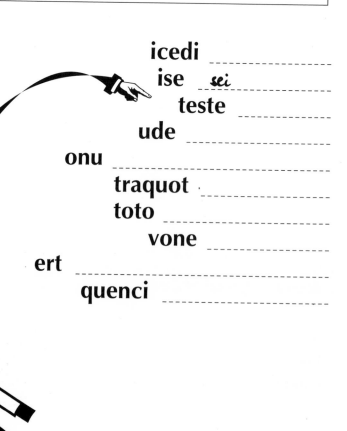

icedi _____

ise *sei* _____

teste _____

ude _____

onu _____

traquot _____

toto _____

vone _____

ert _____

quenci _____

Language Focus

5. Fill in the gaps

Insert in the gaps il, l', la as in the example.

Example: Fa _____ professore.   *Fa il professore.*

1. Ecco _____ Sig.ra Bianchi.

2. Giorgio fa _____ avvocato.

3. Dov'è _____ banca?

4. Hai comprato _____ libro?

5. Dave studia _____ italiano.

6. _____ Sig.na Marta è svizzera.

7. È questo _____ tuo ragazzo?

8. È buona _____ aranciata?

6. Negatives

Look at the pictures, and make sentences like the one in the example.

Example: *Non è il Sig. Cecconi, è il Sig. Fabbri.*

~~Cecconi~~ Fabbri

2. ~~dalla Francia~~ dalla Svizzera

1. ~~francese~~ spagnola

1. _____
2. _____
3. _____
4. _____
5. _____

3. ~~caffè~~ tè

4. ~~si chiama Martini~~ si chiama Grossi

5. ~~celibe~~ sposata

Reading Corner

7. Personal information

Look at the information on Mario's application form. Then put the lines of the description into the correct order and write them out below.

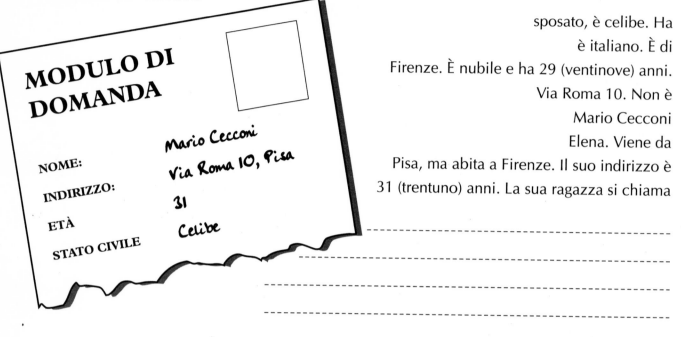

MODULO DI DOMANDA

NOME: Mario Cecconi

INDIRIZZO: Via Roma 10, Pisa

ETÀ 31

STATO CIVILE Celibe

sposato, è celibe. Ha

è italiano. È di

Firenze. È nubile e ha 29 (ventinove) anni.

Via Roma 10. Non è

Mario Cecconi

Elena. Viene da

Pisa, ma abita a Firenze. Il suo indirizzo è

31 (trentuno) anni. La sua ragazza si chiama

Write Here

8. All about you

Write sentences about yourself.

Example: (nome) *Mi chiamo Monica Piccoli.*

Modulo di domanda

(Nome) _____

(Indirizzo) _____

_____

(Nazionalità) _____

(Età) _____

(Stato civile) _____

UNIT 2: I've got a new job!

In Unit 2 there is practice talking about your family, asking how old someone is, and talking about your job.

Match Game

1. Question and answer

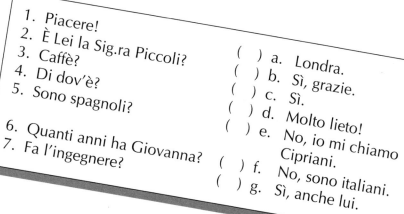

1. Piacere!
2. È Lei la Sig.ra Piccoli?
3. Caffè?
4. Di dov'è?
5. Sono spagnoli?

6. Quanti anni ha Giovanna?
7. Fa l'ingegnere?

( ) a. Londra.
( ) b. Sì, grazie.
( ) c. Sì.
( ) d. Molto lieto!
( ) e. No, io mi chiamo Cipriani.
( ) f. No, sono italiani.
( ) g. Sì, anche lui.

Match each question to an appropriate response. Note that there is one response too many.

Talking Point

2. un, una or uno?

Mario's job interview was successful. After he gets home, he calls his girlfriend, Elena, to give her the news. Fill in the blanks in their conversation with one of the articles above.

Elena:	Pronto?
Mario:	Ciao, Elena. Sono io, Mario.
Elena:	Ah, ciao, Mario.
Mario:	Sai cosa ?! Ho _____ lavoro. Ho _____ nuovo lavoro.
Elena:	_____ nuovo lavoro? E dove?
Mario:	ITALSTILI. È _____ compagnia di arredamento, _____ compagnia internazionale. Sono _____ stilista.
Elena:	Ma tu sei _____ ingegnere, non _____ stilista.
Mario:	E adesso sono _____ stilista.
Elena:	Ah …
Mario:	Ho _____ lavoro, _____ ufficio e _____ nuovo capo.
Elena:	Come si chiama?
Mario:	Si chiama Piccoli. E di nome Monica. Monica Piccoli.
Elena:	Il tuo capo è _____ donna? Quanti anni ha? Di dov'è? È sposata?
Mario:	Calma, calma! È sposata. Ha _____ marito e quattro bambini.

Word Power

3. Quanti anni ha?

Look at the chart, and complete the sentences.

Giovanni ha ventiquattro anni. _____

Elena _____

Angela e Pietro _____

Maria _____

Antonio _____

Adalgisa _____

NOME	ETÀ
Giovanni	24
Elena	29
Angela	32
Pietro	32
Maria	59
Antonio	62
Adalgisa	81

4. Elena's family

Look at the words in the box, and write F by those which are female and M by those which are male. Then look at Elena's family tree below, and complete the sentences which follow.

(il) nonno ---
(la) nonna ---
(il) padre ----
(la) madre ---
(la) sorella ---
(il) fratello ---
(il) figlio ----
(la) figlia ----
(lo) zio ----
(la) zia ----
(il) nipote ---
(la) nipote ---
(il) marito ---
(la) moglie --

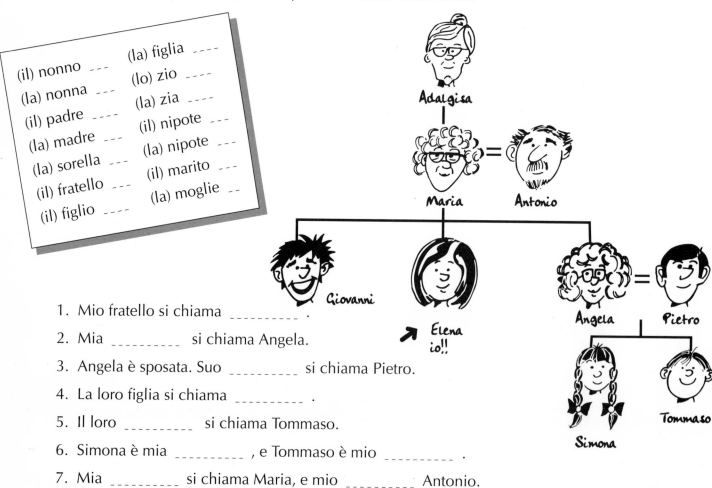

1. Mio fratello si chiama _____ .

2. Mia _____ si chiama Angela.

3. Angela è sposata. Suo _____ si chiama Pietro.

4. La loro figlia si chiama _____ .

5. Il loro _____ si chiama Tommaso.

6. Simona è mia _____ , e Tommaso è mio _____ .

7. Mia _____ si chiama Maria, e mio _____ Antonio.

8. Mia _____ si chiama Adalgisa.

Language Focus

5. *mio, tuo, suo*

Fill in the blanks with *mio/a, tuo/a or suo/a*.

1. Elena, come si chiama _____ fratello?

2. Quello è Giorgio e questa è _____ figlia.

3. Quanti anni ha _____ nonna, Sig.na Leoni?

4. Mia zia si chiama Franca, _____ marito si chiama Alfredo.

5. Che lavoro fa _____ madre, Enrico?

6. Mia sorella è sposata e _____ fratello ha dodici anni.

6. Members of your family

Look at Elena's family tree and complete the sentences with the words given below.

1. Elena ha due _____ .

2. Tommaso non ha _____ .

3. Giovanni ha due _____ .

4. Simona e Tommaso non sono _____ di Elena.

5. Maria ha due _____ .

6. Maria e Antonio sono i _____ di Simona e Tommaso.

7. Simona e Tommaso hanno due _____ .

> **figli**
> **nipoti**
> **fratelli**
> **sorelle**
> **zii**
> **figlie**
> **zie**

7. *i, gli,* or *le?*

Rewrite the words listed in the previous exercise and find the appropriate article.

_____

_____

_____

_____

_____

_____

_____

Reading Corner

8. A postcard

Read Mario's postcard to his parents, and then check the statements below either true or false.

Mario ha cattive notizie. *Vero/Falso*

Mario fa lo stilista. *Vero/Falso*

L'ITALSTILI è una grande compagnia. *Vero/Falso*

Ha tre filiali. *Vero/Falso*

La ragazza di Mario viene da Pisa. *Vero/Falso*

Fa l'ingegnere. *Vero/Falso*

Cari mamma e papà,
Come state? Io sto bene. Buone notizie. Ho un nuovo lavoro. Faccio lo stilista adesso, non l'ingegnere. Lavoro per una grossa compagnia. Ha filiali a Parigi, Roma, New York, Madrid, Berlino e Tokio!! Ah, e si chiama ITALSTILI.
Affettuosamente vostro Mario
P.S.: Ho anche una nuova ragazza. Si chiama Elena, ed è di Firenze. Fa la fotografa.

Write Here

9. The policeman's questions

When Monica is driving home from the office, she is stopped by a policeman who begins to ask her a lot of questions. Complete the conversation by filling in the questions and answers.

Poliziotto: Mi scusi.

Monica: Sì?

Poliziotto: (Sig.ra Monica Peccioli?)   È Lei la Sig.ra Monica Peccioli?

Monica: (no- Monica Piccoli)   No, io mi chiamo Monica Piccoli.

Poliziotto: (indirizzo: Via Malta, 18?)

Monica: (no- Via Dante, 18)

Poliziotto: (sposata?)

Monica: (sì)

Poliziotto: (nome del marito?)

Monica: (Filippo)

Poliziotto: (commercialista?)

Monica: (no- insegnante)

Poliziotto: (di Zurigo?)

Monica: (no- italiano)

Poliziotto: Ah, sì. Mi dispiace. Mi scusi tanto. Un errore! Buona sera.

UNIT 3: Where's your office?

In this unit, you will find practice with describing where things are. You'll also talk about houses, offices and hotels, and the things you find in them, and colors.

Match Game

1. Where is the cat?

Match the pictures to the appropriate phrases.

a. sotto la finestra

b. sulla sedia

c. nell'angolo

d. dietro il divano

e. accanto alla televisione

f. tra la televisione e il divano

g. vicino alla porta

Talking Point

2. About the office

Mario is talking to his mother on the phone and telling her about his new job at ITALSTILI. Complete their conversation by choosing which of the alternatives is more suitable to fill each blank.

Madre: Dov'è questa compagnia, Mario?

Mario: È (a/in) _____ Fiesole. È l'edificio bianco accanto al Jolly Hotel.

Madre: Ah, sì. E (quanti/quante) _____ persone ci sono all'ITALSTILI?

Mario: (Sono/Ci sono) _____ cinquantatre persone nella filiale di Fiesole.

Madre: (Ha/Hai) _____ un ufficio?

Mario:	Sì, insieme a cinque persone. Abbiamo infatti cinque computer, cinque tavoli, cinque sedie e anche cinque telefoni. È (un/una) ufficio piccolo! Ha una porta e un tappeto rosa, ma è (carino/carina) _____ ! Ci sono due (grande/grandi) _____ finestre e c'è un parco proprio (dietro/vicino) _____ l'edificio.
Madre:	Ci sono delle donne nell'ufficio?
Mario:	Sì, (c'è/ci sono) _____ due donne.
Madre:	E ci sono negozi (accanto/dietro) _____ all'ufficio? O ristoranti?
Mario:	Sì, c'è una trattoria. E un piccolo bar (dietro/tra) _____ l'albergo.

Word Power

3. Colors

There are eleven colors hidden in the word square. Can you find them? One has been done for you.

4. Odd man out

Circle the item which doesn't belong in the location given.

1. **ufficio:** tavolo, negozio, sedia, computer, telefono, capo

2. **soggiorno:** divano, tappeto, poltrona, gabinetto, televisione, tavolo

3. **cucina:** frigo, lavatrice, calcolatrice, coltello, lavandino, finestra

4. **bagno:** lavandino, bagno, doccia, sapone, uovo, porta

5. **casa:** camera da letto, gabinetto, garage, giardino, bagno, palestra

Language Focus

5. un, una, del, della, dei/degli, delle, di

Fill in the blanks with some of the words above.

1. C'è _____ palestra vicino alla compagnia ITALSTILI?

2. Ci sono _____ negozi e _____ bar vicino all'ufficio.

3. Lavorano molte persone nella filiale _____ Fiesole?

4. Dietro l'ufficio c'è _____ trattoria.

5. Ci sono _____ alberghi a Fiesole?

6. Nell'ufficio _____ Mario ci sono due finestre.

7. Insieme a Mario ci sono _____ donne.

8. Nel suo ufficio ci sono _____ tavoli, _____ sedie e _____ computer.

6. C'è or è?

Read the dialogue between Mario and his mother again, and write the answers to the questions below by inserting *c'è/ci sono* or *è/sono*, as in the example.

Example: Quanti computer ci sono nell'ufficio di Mario? _Ci sono cinque computer._

1. Dov'è la compagnia ITALSTILI? _____

2. Di che colore è l'edificio? _____

3. Ci sono dei parchi vicino all'ufficio di Mario? _____

4. Dov'è il Jolly Hotel? _____

5. Quanti telefoni ci sono nell'ufficio? _____

6. Di che colore è la porta dell'ufficio? _____

Reading Corner

7. The "Jolly Hotel"

Read the description of the ground floor layout of the Jolly Hotel, and then write in the location of the various rooms on the plan.

Nell'ingresso sulla sinistra c'è un ampio ristorante francese, sulla destra c'è un piccolo bar. Tra il bar e l'ufficio viaggi c'è una libreria. I telefoni sono vicino all'ufficio viaggi. C'è una piccola palestra accanto alla sauna e una piscina dietro la palestra. Ci sono dei gabinetti nell'angolo vicino al ristorante. Nell'ingresso accanto alla palestra ci sono dei divani, delle poltrone e dei tavolini da caffè.

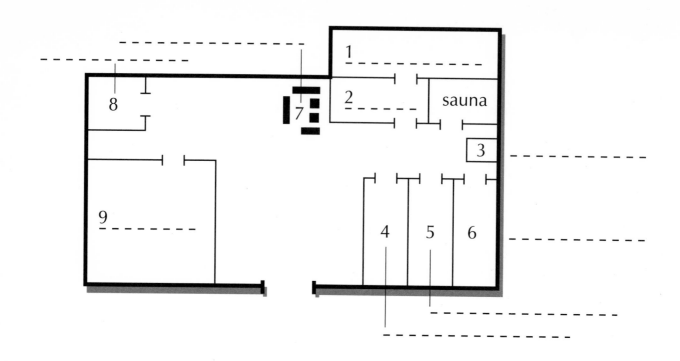

Write Here

8. Elena's new house

Mario's girlfriend, Elena, recently moved into a new house. Look at the information about it, and then write appropriate questions to go with the answers below.

Example: _C'è doccia?_ _____

No, non c'è doccia.

1. _____

Ce ne sono due.

2. _____

No, c'è un bagno.

3 _____

È insieme alla cucina.

4. _____

È sul retro della casa.

5. _____

Sì, tre alberi da frutta.

OCCASIONISSIMA!! Villetta, 2 camere, bagno (senza doccia), cucina-tinello con elettrodomestici, salotto in rosa, garage (separato), giardino sul retro della villa (con 3 alberi da frutta). Tel: 55 378 23.

UNIT 4: I like it!

In Unit 4, you'll find practice telling the time, describing sports and hobbies, and talking about likes and dislikes.

Match Game

1. *Sinonimi*

Join each word in the box on the left to its nearest equivalent in the box on the right.

1. vicino	a. professore
2. tanto	b. piacere
3. molto lieto	c. albergo
4. insegnante	d. figli
5. bambini	e. gabinetto
6. ristorante	f. molto
7. hotel	g. poltrona
8. toilette	h. bar
9. sedia	i. trattoria
10. caffè	j. accanto

Talking Point

2. Breakfast time

Monica Piccoli has just made breakfast, and she's waiting for the children, Stefania and Giacomo, and her husband, Filippo, to come downstairs. Read the conversation and then answer the questions.

Monica: È pronto! Ma dove sono? Dove sono i bambini? La colazione è pronta!

Filippo: La colazione è pronta ma i bambini no. Stefania è ancora nel bagno e Giacomo è ancora a letto. Ha anche il mio giornale.

Monica: Cosa? Ma sono le otto! È tardi. La colazione è a tavola.

Filippo: Io sono pronto. Un buon espresso. Uhm.... anche i corn-flakes. Mi piacciono tanto i corn-flakes. Ah, ecco Stefania.

Stefania: Buon giorno, mamma, buon giorno, papà.

Monica: Sei in ritardo – sono le otto. Adesso io sono in ritardo e anche papà.

Stefania: Mi dispiace. Che c'è per colazione? Corn-flakes? Che schifo! No, grazie.

Monica: Ma come? Ti piacciono tanto i corn-flakes!

Stefania: Si, ma non mi piace il latte. Non mi piace per niente.

Monica: A te? Ma no! Ti piace moltissimo.

Stefania: Non più. C'è del caffè?

Example: Chi è nel bagno? —— Stefania è nel bagno.

1. Chi è ancora a letto?
2. Chi ha il giornale di Filippo?
3. Chi è pronto?
4. A chi piacciono i corn-flakes?
5. A chi non piace il latte?

Word Power

3. Che ora è/ore sono?

Look at the clocks, and write the times underneath each one.

Example:

1. _____ 2. _____

sono le nove e mezza

3. _____ 4. _____

4. Where is he at 7:00?

Write sentences about Mario's daily schedule, using the phrases in the box.

Example: 7:00 Alle sette Mario è a letto.

1. 7:30 _____
2. 8:30 _____
3. 9:00 _____
4. 13:00 _____
5. 18:30 _____
6. 20:30 _____

al bar
in bagno
in trattoria
a letto
in macchina
in ufficio
in palestra

5. Like it or hate it ?

Rewrite these sentences in order of degree of liking.

1. Mi piace un pò.   *Mi piace moltissimo.* _____
2. Lo detesto!   _____
3. Mi piace moltissimo.   _____
4. Non mi piace per niente. _____
5. Mi piace abbastanza.   _____
6. Non mi piace molto.   _____

Language Focus

6. *Piace* or *piacciono?*

Choose the appropriate form of the verb to go in the blanks.

1. Mi _____ abbastanza il mio lavoro.
2. Ti _____ i gatti?
3. Giacomo è pigro. Gli _____ molto dormire.
4. A mio marito non _____ per niente lo zio Federico.
5. Vi _____ questi fiori?

7. It's a question of love …

Match the two halves of the sentences.

1. Sig.ra Piccoli, _____ ?
2. _____ , ti piace il latte?
3. Gli piace _____ .
4. Le piacciono i corn-flakes, _____ ?
5. A Giacomo e Stefania _____ ,.
6. _____ piace andare al ristorante.

a. _____ , Sig. Piccoli?
b. _____ , le piace il caffè?
c. A Monica e a Filippo _____ .
d. _____ leggere il giornale a letto.
e. Stefania, _____ ?
f. _____ piace molto dormire.

Reading Corner

8. She likes red wine but I prefer …

Mario is having second thoughts about his girlfriend, Elena, because their tastes are so different. Look at part of this letter to a friend, and rewrite the lines in the correct order.

a. carne, ma lei è vegetariana. Le

b. preferisce il cinema. Le piace il nuoto e

c. A lei piace il vino rosso, invece

d. lei mi piace? Sì, mi piace.

e. piace fare spese, ma io lo detesto. Mi

f. io preferisco la birra. Mi piace tantissimo la

g. piace ballare, ma lei

h. il tennis, ma a me non piacciono. Se

A lei piace il vino rosso, invece
_____
_____
_____
_____
_____
_____
_____

Write Here

9. *Ti piace ballare?*

Monica Piccoli is meeting her friends Pietro and Simona on Saturday, and they are trying to decide what to do, as they all like doing different things. Ask and answer questions about what they like doing.

	Pietro	Monica	Simona	Lei
tennis	moltissimo	non molto	per niente	?
fare la spesa	lo detesta	un pò	tantissimo	?
ballare	un pò	lo detesta	lo detesta	?
andare in pizzeria	tantissimo	le piace	un pò	?

Example: Pietro/tennis D: A Pietro piace il tennis? R: Sì, gli piace molto.

1. Simona/fare la spesa _____

2. Monica e Simona/ballare? _____

3. Simona/tennis? _____

4. Pietro/andare in pizzeria? _____

5. Lei: tennis? fare la spesa? ballare?
   andare in pizzeria? _____

UNIT 5: Are you free tomorrow evening?

In this Unit, you will find practice talking about daily activities, and how often you do something. There is also some more work on time and days of the week.

Match Game

1. *Che ora è/ore sono?*

Match the clocks with the correct time.

1. le sette e un quarto
2. le tre e un quarto
3. le sedici e quindici
4. le quattro meno un quarto
5. le ventuno e quarantacinque
6. le otto e quindici
7. mezzogiorno meno un quarto
8. un quarto all'una

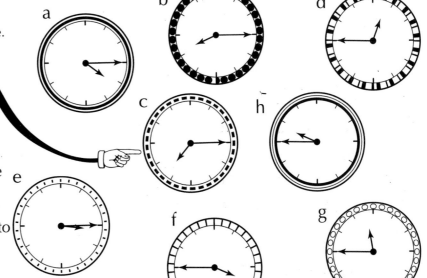

Talking Point

2. How about a date?

It's Mario's second week at his new job. He greets the receptionist, Anna, as he arrives on Monday morning. Fill in the blanks with an appropriate verb from the box.

guardo esco gioco)
studio cucini vado
leggi mangio
suono esco gioco

Anna: Buon giorno, Mario.

Mario: Buon giorno, Anna. Ehmm … Anna? Sei occupata stasera? Io sono libero, e …

Anna: Mi dispiace, Mario. Il lunedì _____ a tennis. _____ sempre a tennis il lunedì.

Mario: Capisco. E domani? Sei libera domani sera?

Anna: Domani è martedì, vero? No, mi dispiace, ma il martedì _____ lo spagnolo. E il mercoledì _____ la chitarra con degli amici.

Mario:	È un pò difficile, eh? Che cosa fai il giovedì e il venerdì? _____ poesie orientali? _____ piatti cinesi?
Anna:	No. Normalmente il giovedì sto a casa e _____ la televisione, e il venerdì _____ dai miei genitori e _____ con loro.
Mario:	E al finesettimana? Che fai il sabato e la domenica?
Anna:	Non _____ mai con sconosciuti al finesettimana.
Mario:	Io non sono uno sconosciuto! Sono Mario.
Anna:	Mi dispiace, ma _____ sempre con il mio ragazzo al finesettimana. E poi … tu hai una ragazza, Mario.

Word Power

3. Find the verb

Think of an appropriate phrase to go with each picture.

Example:

a. _____

b. _____

c. _____

d. _____

e. _____

f. _____

bere il vino

4. Daily activities

Put numbers 1 to 12 against these activities to show the order in which you usually do them, and then mark the time you do them on the 24-hour clock.

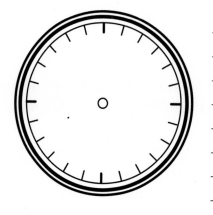

_____ leggo il giornale

_____ faccio colazione

_____ cucino la cena

_____ vado a letto

_____ faccio la doccia

_____ comincio a lavorare

_____ mi alzo

_____ finisco di lavorare

_____ mi sveglio

_____ guardo la televisione

_____ vado a lavorare

_____ pranzo

Language Focus

5. Find who ...?

Match the questions or statements below with the appropriate actions.

1. Anna, _____ dai tuoi genitori ogni finesettimana?

2. Mario, quando _____ con Elena?

3. Elena _____ spesso in piscina.

4. Pietro e Simona, _____ spesso a trovare Monica?

5. Monica e Pietro non _____ volentieri.

6. Stefania e Tommaso _____ prima delle 8.

7. Anna _____ con il suo ragazzo al finesettimana.

a. esce
b. va
c. fanno la spesa
d. vai
e. fanno colazione
f. venite
g. esci

6. Finding out about people's habits

Make up the replies to the questions using the prompts given, as in the example.

Example: Come si chiama, Sig.ra Piccoli? (Monica)

Mi chiamo Monica.

1. A che ora vi alzate la domenica? (8:30)

2. A che ora si alza Mario? (7:15)

3. Come ti chiami? (Anna)

4. Quando si sveglia la Sig.ra Piccoli? (7:00)

5. Vi lavate prima o dopo colazione? (dopo)

6. Ti alzi presto la mattina? (6:45)

Reading Corner

7. Elena's diary

Mario's girlfriend, Elena, is finding life boring. She thinks it's time for a change. Look at her diary and fill in the blanks with *a, in, alle, il*.

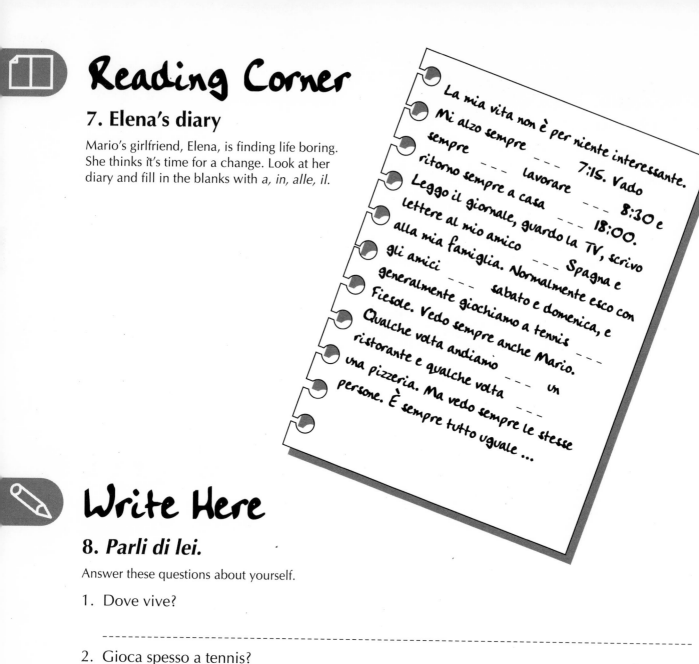

La mia vita non è per niente interessante.
Mi alzo sempre _ _ _ 7:15. Vado
sempre _ _ _ lavorare _ _ _ 8:30 e
ritorno sempre a casa _ _ _ 18:00.
Leggo il giornale, guardo la TV, scrivo
lettere al mio amico _ _ _ Spagna e
alla mia famiglia. Normalmente esco con
gli amici _ _ _ sabato e domenica, e
generalmente giochiamo a tennis _ _ _
Fiesole. Vedo sempre anche Mario.
Qualche volta andiamo _ _ _ un
ristorante e qualche volta _ _ _
una pizzeria. Ma vedo sempre le stesse
persone. È sempre tutto uguale ...

Write Here

8. *Parli di lei.*

Answer these questions about yourself.

1. Dove vive?

   ----

2. Gioca spesso a tennis?

   ----

3. A che ora si alza di solito?

   ----

4. A che ora pranza normalmente?

   ----

5. Che cosa fa generalmente la domenica?

   ----

6. Guida l'automobile?

UNIT 6: How much is this?

This unit is about shopping, and you will find practice asking for various items, talking about money and clothing, and asking the size of something.

Match Game

1. Shop talk

Match the beginnings and the ends of the sentences.

1. Questa gonna
2. Preferisco
3. Vorrei
4. Quanto costa
5. Non mi
6. Che taglia
7. Avete
8. Mi piacciono questi

( ) a. piace il colore.
( ) b. questa nella 40?
( ) c. è davvero bella!
( ) d. quel maglione blu.
( ) e. jeans.
( ) f. quella rossa.
( ) g. porta?
( ) h. questo orologio?

Talking Point

2. Il regalo!

It's Mario's birthday soon, and Elena is out shopping for a present with her friend Elisabetta. Read the conversation, and then answer the questions which follow.

Elisabetta: Questa camicia è bella.

Elena: Sì, ma a Mario non piace il marrone.

Elisabetta: Che colori porta di solito?

Elena: Gli piace il blu o il grigio o il nero. Qualche volta porta il verde.

Elisabetta: Che ne dici di questa? Ha un bel colore.

Elena: Che taglia è? Media. Quant'è? Dov'è l'etichetta?

Elisabetta: Eccola. Che cosa?! L 120.000 (centoventimila lire)?

Elena: È di seta, ma il prezzo non mi piace per niente.

Impiegato: Buon giorno. Desidera?

Elena: Vorrei comprare una camicia di cotone blu o grigia. Una camicia sportiva. È per il mio ragazzo.

Impiegato: Che taglia porta?

Elena: Non lo so. Media, credo.

Impiegato: Queste camicie vendono molto bene al momento.

Elena:	Sono carine! Quanto costano?
Impiegato:	L 70.000 (settantamila)
Elena:	Quanto? L 70.000? Non ho L 70.000.
Elisabetta:	Che ne dici di una cravatta? Sono economiche.
Elena:	Buona idea! Non voglio un regalo costoso. Adesso Mario non mi piace più molto. Una cravatta economica è una buona idea.

1. Che colori piacciono a Mario? ------------------------------------
2. Gli piace il marrone? ------------------------------------
3. Quanto costa la camicia di seta? ------------------------------------
4. Elena vuole una camicia di seta o di cotone? ------------------------------------
5. Ha L 70.000? ------------------------------------
6. Conosce la taglia di Mario? ------------------------------------

 # Word Power

3. Find the clothes

Rearrange the letters to find items of clothing.

Example: nagno   _gonna_ ------------------------------------

1. cattoppo ------------------------------
2. cagica ------------------------------
3. amiccia ------------------------------
4. travatac ------------------------------
5. megaloni ------------------------------
6. presca ------------------------------
7. zalce ------------------------------
8. italponna ------------------------------
9. sivetto ------------------------------
10. miapiga ------------------------------

4. Money, money, money

Write out these prices in full.

Example: L 3.500   _tremila e cinquecento (lire)_ ------

1. L 15.000 ------------------------------
2. L 5.750 ------------------------------
3. L 10.000 ------------------------------
4. L 12.300 ------------------------------
5. L 35.000 ------------------------------
6. L 105.000 ------------------------------
7. L 370.000 ------------------------------
8. L 1.000.000 ------------------------------

Language Focus

5. *lo, la, li, le*

Fill in the blanks with either *lo, la, li* or *le*.

1. Preferisco la gonna a righe.
   Bene, _____ vuole provare?

2. Ha dei guanti di pelle?
   No, _____ ho di lana.

3. Preferite le camicie di seta o di cotone?
   _____ preferiamo di cotone.

4. A Mario e Giacomo piacciono le cravatte verdi?
   No, _____ preferiscono grigie.

5. Vorrei vedere quegli stivali lì in vetrina.
   Sì, _____ prendo subito.

6. Le piace il cappotto nero?
   No, _____ ha rosso?

7. Il vestito giallo le sta molto bene.
   _____ prendo.

6. *Quant'è?*

Ask and answer questions about these items, as in the example.

Example:

L 13.500

D: Quanto costano questi guanti?

R: Tredicimilacinquecento lire.

1. L 85.000

D: _____

R: _____

3. L 56.000

D: _____

R: _____

4. L 1.500

D: _____

R: _____

5. L 15.000

D: _____

R: _____

6. L 5.200

D: _____

R: _____

2. L 22.500

D: _____

R: _____

Reading Corner

7. Who cooks?

Read the description below, and fill in the blanks with the correct form of one of the verbs in the box.

A Monica _____ fare la spesa ma _____ cucinare. Invece a Filippo, suo marito, _____ cucinare ma non gli _____ fare la spesa. Così Monica di solito _____ al supermercato quando _____ dal lavoro e _____ la spesa per la cena. Filippo _____ a casa verso le 18:30 e _____ da mangiare. (Certe volte non _____ facile perché la loro figlia Stefania non _____ la carne e il loro figlio Giacomo _____ il pesce.) Certe volte, al finesettimana, _____ i bambini, ma spesso _____ tutti a mangiare al ristorante.

> **piacere(x3)**
> **detestare(x2)**
> **andare(x2)**
> **ritornare(x2)**
> **fare   preparare**
> **essere   mangiare**
> **cucinare**

Write Here

8. Shopping questions

Make up appropriate questions to go with these answers.

Example: Ha delle camicie di seta?

No, mi dispiace. Non ho camicie di seta.

1. _____

La signora prende la (taglia) 40.

2. _____

Costa L 72.000.

3. _____

È nera e grigia.

4. _____

Costano L 2.500.

5. _____

Vorrei delle calze di cotone.

6. _____

Le cravatte? Sono proprio accanto alle camicie.

UNIT 7: The bar is that way.

In Unit 7, you will find practice asking and giving directions, talking about stores and public buildings, and asking about opening and closing times.

Match Game

1. It's on the left.

Match the descriptions to the pictures.

1. di fronte
2. terza casa a destra
3. sempre dritto
4. a sinistra
5. all'incrocio continua dritto
6. a destra
7. seconda casa a sinistra
8. in fondo

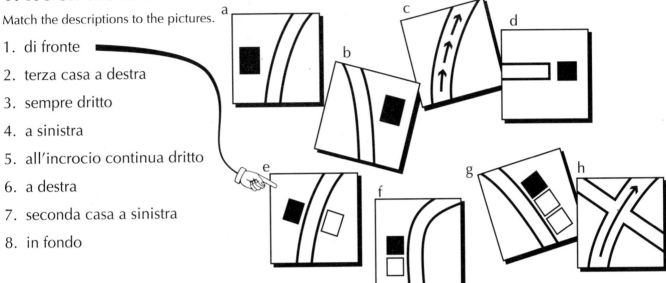

Talking Point

2. Asking the way

Mario is on his way to meet his girlfriend Elena for a drink, but he's late. As he hurries along the road, a young Japanese woman stops him. She's a tourist.

Turista Mi scusi ...

Mario Prego. Dica ...

Turista È lontana da qui la Galleria d'Arte moderna?

Mario No, per niente. (Vede/Conosce) _____ l'ufficio postale lì all'angolo? Gira a sinistra (qui/lì) _____ ; quella è Via della Repubblica. Continua sempre (a sinistra/dritto) _____ fino a quando arriva ad una grande chiesa (sulla/in) _____ destra. Gira quindi a destra e la Galleria d'Arte moderna è subito lì a (sinistra/dietro) _____ . Non può sbagliarsi. C'è un grosso cartello (dentro/fuori) _____ .

Turista	Mi scusi... Giro a sinistra (o/e) _____ a destra all'ufficio postale? E dov'è Via della Repubblica? Mi dispiace molto, non capisco.
Mario	Senta, venga con (io/me) _____ . (Mario goes with her.) Ecco l'ufficio postale. Gira qui a sinistra. Ecco questa è Via della Repubblica. Ma, mi dica, (da/di) _____ dove viene?
Turista	Io vengo dal Giappone. (She sees Elena across the road.) Mi scusi, (quella/ questa) _____ donna è sua amica?
Elena	Che....!
Mario	Elena! È Elena, la mia ragazza. Ehmm, ciao!
Elena	Ciao, Mario. E (chi/che) _____ è questa? La tua nuova ragazza? Il bar è dall'altra parte.
Mario	Lo so, lo so ma....
Elena	Va bene, tu vai di là con la tua nuova amica. Ciao!

Word Power

3. Numbers

Fill in the boxes with the ordinal numbers (primo, secondo, etc) as indicated.

4. Out shopping

Choose one of the words in the box to complete the sentences.

1. In tabaccheria si vendono le _____

2. Dal macellaio si compra la _____

3. In libreria si comprano i _____

4. Al bar si beve il _____

5. Dal panettiere si compra il _____

carne
libri
sigarette
vino
prosciutto
dolci
caffè
pane

6. Al supermercato si trova anche il _____

7. Dal salumiere si vende il _____

8. In pasticceria si comprano i _____

Language Focus

5. *Dal, in* or *al*

Fill the blanks with *dal, in* or *al*.

1. Il reparto bambini è _____ terzo piano.

2. Vado ogni giorno _____ panettiere.

3. Giorgio fa colazione _____ bar.

4. Si fa sempre la coda _____ salumeria.

5. Marta compra sempre i francobolli _____ tabaccaio.

6. Ha comprato la rivista _____ giornalaio.

7. La domenica mangiamo spesso _____ ristorante.

6. *Eccoli!*

Insert in the blanks the correct form of *lo, la, le, li*.

1. Scusi, dov'è la posta?   Ecco _____ !

2. Ha delle camicie di seta?   Ecco _____ !

3. Quattro francobolli da L 500?   Ecco _____ !

4. C'è un telefono qui vicino?   Ecco _____ !

5. La carta d'identità, per favore?!   Ecco _____ !

6. Dove sono i miei occhiali?   Ecco _____ !

7. Avete il giornale di oggi?   Ecco _____ !

8. Dove sono le pantofole?   Ecco _____ !

Reading Corner

7. Where's the party?

Monica Piccoli has invited several of the staff at ITALSTILI to a party at her house. Read her instructions of how to get to her house, and then mark it on the map.

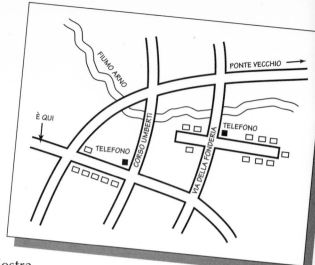

All'incrocio girate a sinistra e continuate dritto per il Ponte Vecchio. Prendete la seconda strada a destra, Via della Fonderia, e proseguite sempre dritto fino alla cabina telefonica sulla sinistra. Qui girate a sinistra e la nostra casa è la seconda a destra.

Write Here

8. *A che ora apre?*

Look at the opening times of the various places, and make questions and answers as in the example.

Example:

> **PISCINA**
>
> **ORARIO DI APERTURA**
> **GIORNI FERIALI: 9:00–19:00**
> **SABATO & DOMENICA: 10:00–17:30**
> **(CHIUSA IL LUNEDÌ)**

D: A che ora/Quando apre la piscina?

R: Durante i giorni della settimana è aperta dalle nove alle diciannove, dalle dieci alle diciassette e trenta il sabato e la domenica. È chiusa il lunedì.

1. **D:** _____

   R: _____

   _____

> **BIBLIOTECA CENTRALE**
>
> LUNEDÌ – VENERDÌ 10:00–20:00
> SABATO 10:00–19:30
> CHIUSA LA DOMENICA

2. **D:** _____

   R: _____

   _____

> POSTE E TELECOMUNICAZIONI
>
> ORARIO PER IL PUBBLICO
> LUNEDÌ – SABATO
> dalle 8:30 alle 12:45
> dalle 15:30 alle 18:00

3. **D:** _____

   R: _____

   _____

> **BANCA COMMERCIALE**
> **ORARIO DI CASSA**
>
> Giorni Feriali: 8:15–13:00
> Venerdì & Sabato: 8:15–11:30

UNIT 8: *Did you have a good weekend?*

In this unit you will talk about things which happened in the past and weekend activities, and ask questions beginning: *che cosa? dove? quando? chi?*

Match Game

1. Verbs

Match the past tense verbs on the left with the appropriate expressions on the right.

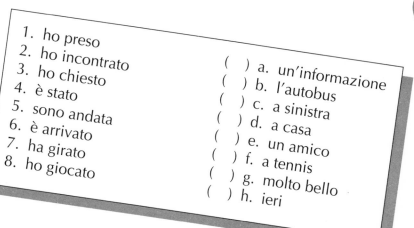

1. ho preso
2. ho incontrato
3. ho chiesto
4. è stato
5. sono andata
6. è arrivato
7. ha girato
8. ho giocato

( ) a. un'informazione
( ) b. l'autobus
( ) c. a sinistra
( ) d. a casa
( ) e. un amico
( ) f. a tennis
( ) g. molto bello
( ) h. ieri

Talking Point

2. How was the weekend?

At work on Monday morning, Mario is talking to the receptionist, Anna, about his weekend. Fill in the blanks with the correct form of the verb.

Anna   Come hai (passare) _____ il finesettimana?

Mario   Male, molto male.

Anna   Come mai? Che hai (fare) _____ ?

Mario   Sabato ho (litigare) _____ con Elena.

Anna   E perché avete (litigare) _____ ?

Mario   Mi ha (vedere) _____ con un'altra donna.

Elena   Mario!!

Mario   Ma che! Questa turista mi ha (fermare) _____ per strada e mi ha (chiedere) la strada per la Galleria d'Arte moderna, e io le ho (spiegare) _____ che cosa fare. Ma non mi ha (capire) _____ , così ho (pensare) _____ di accompagnarla. Era giapponese e … molto carina!!

Anna   E Elena?

Mario   Quello è (essere) _____ il problema. Elena è (arrivare) _____ presto all'appuntamento e ci ha (vedere) _____ in Via Roma.

Word Power

3. Odd man out

Which is the word which doesn't belong.

1. tennis   nuoto   palestra   calcio   pesca
2. strada   trattoria   bar   ufficio postale   biblioteca
3. molto   poco   buono   per niente   abbastanza
4. mattina   domani   pomeriggio   sera   notte
5. dove   quando   che cosa   questo   chi

4. Where do they come from?

Find the correct verbs from which the words on the left derive.

1. fatto	a. essere
2. bevuto	b. fare
3. venuto	c. andare
4. preso	d. bere
5. avuto	e. vedere
6. visto	f. venire
7. stato	g. avere
8. andato	h. prendere

Language Focus

5. Questions, questions ...

Fill in the blanks with the correct form of the verb.

1. Io capisco bene il Sig. Smith, e tu lo _____ ?
2. Finiamo la lezione alle 10, e voi a che ora la _____ ?
3. Preferisco andare in piscina la mattina, e tu quando _____ ?
4. Maria e Laura non capiscono la fisica, e tu la _____ ?
5. Il film finisce alle 8, e la partita a che ora _____ ?

6. *Ha* or *è?*

Fill the blanks with the correct form of the auxiliary.

1. Anna _____ arrivata in ritardo.

2. Mario _____ trovato un nuovo lavoro.

3. Dove _____ andato ieri il Sig. Piccoli?

4. Come _____ passato il finesettimana, Elena?

5. Chi _____ visto Elena in Via Roma?

7. Questions

Make questions to fit the answers, as in the example.

> **Example:** A che ora siete andati al ristorante? Siamo andati al ristorante alle 21:00.

1. Dove _____? Sono andata a Pisa ieri.

2. Quando _____? Ho incontrato Maria sabato scorso.

3. Che cosa _____ in pizzeria? Abbiamo preso la pizza rustica.

4. Quante _____ in birreria? Ho bevuto tre birre alla spina.

5. Dove _____ a fare la spesa? Sono andati a fare la spesa al centro commerciale.

Reading Corner

8. Elena's diary

Elena always writes her diary before she goes to bed. Read this section and then answer the questions.

Sabato

È proprio finita con Mario dopo il nostro appuntamento di oggi. Sono arrivata un po' prima e che ho visto...? Ho visto Mario in Via Roma con un'altra donna, una donna molto carina!! Lei mi ha vista per prima. Quando Mario mi ha vista non ha detto niente. È davvero la sua ragazza? Chissà?!!! Io sono ritornata subito a casa. Ho telefonato a mamma e le ho raccontato la storia. Poi mi ha telefonato Mario e abbiamo litigato. Tantissimo!! Gli ho detto che non mi piace più. Addio, Mario!!!!

Example: Con chi ha l'appuntamento Elena? _Ha l'appuntamento con Mario._

1. Elena dove ha visto Mario? _____

2. Mario ha visto Elena per primo? _____

3. Dove è andata Elena? _____

4. A chi ha telefonato Elena? _____

5. Chi ha telefonato a Elena? _____

Write Here

9. What did they do?

These people all wrote memos to remind themselves of various appointments they had on the weekend. Make questions and answers about what they did, as in the example.

Example:

DOM 6 Matt. tennis

Monica

D: Che cosa ha fatto Monica domenica mattina?
R: Ha giocato a tennis.

4 VEN 8.00 sera cena da Marta

1. Elena

Sab 5 Mezzogiorno incontro Marco

2. Mario

SAB. 5 POM. PALESTRA

3. Fi

DOM 6 sera – vienne Giorgio a casa

VEN 4 sera– TV!!!

4. Anna

5. Angel.

1. **D:** _____
   R: _____

2. **D:** _____
   R: _____

3. **D:** _____
   R: _____

4. **D:** _____
   A: _____

5. **D:** _____
   A: _____

UNIT 9: We went camping

In Unit 9 there is more work on talking about the past, and you will also find practice describing vacations, talking about transportation and saying the year.

Match Game

1. What time did you get up today?

Match the questions to the answers.

1. Vi siete divertiti alla festa?
2. A che ora ti sei alzato domenica mattina?
3. Dove si sono incontrati Mario e Elena?
4. Ti sei mai annoiato ad un partita di calcio?
5. Quando si sono sposati Monica e Filippo?
6. Ti sei svegliata presto sabato?

( ) a. Verso le 11:30.
( ) b. Ad una festa.
( ) c. No, mai.
( ) d. No, alle 10:00.
( ) e. Sì, moltissimo.
( ) f. Nel 1969.

Talking Point

2. Hotel or tent?

Mario has been looking at some travel brochures and planning his vacation while waiting for his friend Marco to arrive at the pizzeria where they are eating. Fill in the blanks in their conversation with the correct form of the verb.

Marco: Che cosa sono? Depliant di viaggi?

Mario: Sì, per le vacanze estive. L'anno scorso sono (andare) _____ in Turchia, e mi sono (divertirsi) _____ veramente.

Marco: Dove sei (essere) _____ ? In albergo?

Mario: Sì, sono (essere) _____ in un grande albergo, vicino alla spiaggia e con una grande piscina, un ristorante eccezionale e musica disco ogni sera!

Marco: Non mi (piacere) _____ quei grandi alberghi!

Mario: Davvero? E perché? Io ho (mangiare) _____ cibo veramente buono, ho (bere) _____ del buon vino e della buona birra, ho (nuotare) _____ in una piscina pulitissima e ho (incontrare) _____ tante donne veramente attraenti! Dove sei andato tu l'anno scorso?

Marco: Non avevo molti soldi l'anno scorso, così sono (andare) _____ a fare campeggio con degli amici. Ci siamo (divertirsi) _____ tantissimo.

Mario: In campeggio? Ma va là. È (essere) _____ faticoso, no?!

Marco: No, per niente. Siamo (andare) _____ a fare escursioni, lunghe passeggiate e al mare.

Mario: Avete (cucinare) _____ sempre in tenda?

Marco: No, spesso siamo (andare) _____ a mangiare fuori, in trattoria, o in rosticceria. E anche noi abbiamo (incontrare) _____ molte donne attraenti.

Mario: Non ti credo!

Word Power

3. Years and years …

Write the years out in words as in the example.

Example: 1979 _millenovecentosettantanove_ _____

1. 1985 _____   5. 1700 _____

2. 1960 _____   6. 1982 _____

3. 1881 _____   7. 1994 _____

4. 1967 _____   8. 1990 _____

4. How did you go?

Rearrange these different forms of transportation and find the one which has *a* instead of *in* before it.

1. batticicle _____   5. reoea _____

2. terno _____   6. axit _____

3. tuao _____   7. clamittoceto _____

4. deipi _____   8. lunplam _____

Language Focus

5. *piacere* in the past

Make up sentences in the past as in the example.

Example: Le/ il ristorante cinese/ non molto

Non le è piaciuto molto il ristorante cinese.

1. Stefania e Giacomo/il film/per niente

2. Gli/i fusilli al salame/molto

3. Monica/la telenovela

4. Le/le rose rosse/tantissimo

5. Pietro/non/il regalo

6. Mario/la Turchia/moltissimo

6. What do you do when in ...?

Choose suitable actions from the box to fit the places below.

1. in cucina
2. a letto
3. in pizzeria
4. in bagno
5. in spiaggia
6. al bar
7. in piscina
8. a scuola
9. al supermercato
10. in discoteca

si fa la spesa   si dorme
si nuota   si beve il caffè
si balla   si prende il sole
si cucina   si impara
si fa il bagno   si mangia

Reading Corner

7. All about Monica Piccoli

Read the information about Monica Piccoli, and then write questions to go with the answers below.

Monica Piccoli è nata in Sardegna nel 1944. Sua madre era un'insegnante e suo padre era un ingegnere. Quando Monica aveva 10 anni, nel 1954, la famiglia si è trasferita a Firenze.

Monica è andata all'Università a Roma. Ha studiato economia e commercio. Le è piaciuta molto l'Università. Dopo l'Università è andata all'estero in pullman e in treno, e ha visitato anche l'Africa e l'India.

Si è poi trasferita a Pisa e lì ha incontrato suo marito Filippo. Si sono sposati nel 1969.

1. _____ Nel millenovecentoquarantaquattro
2. _____ Nel millenovecentocinquantaquattro
3. _____ A Roma
4. _____ Economia e Commercio
5. _____ Africa e India
6. _____ Nel millenovecentosessantanove

Write Here

8. Checklist

Monica and the family are going camping this weekend, and Monica made a list of the things she had to do today. Make positive or negative sentences according to the check or cross that you find next to the notes below, as in the example.

Example: Controllare olio nella macchina ✗

  Non ha controllato l'olio nella macchina. _____

1. telefonare campeggio ✔ _____
2. fare la spesa ✗ _____
3. pulire la macchina ✔ _____
4. andare in banca ✗ _____
5. pulire scarponi ✔ _____
6. controllare la tenda ✔ _____

UNIT 10: Are you ready to order?

Unit 10 is about eating out and restaurants. You will find practice with ordering food, shopping for food, and weights and measures.

Match Game

1. Preferences

Match the questions with the appropriate responses.

1. Che cosa preferite, il pollo o la carne?
2. Ti piace il salame?
3. Ai bambini piacciono di più i meloni o le angurie?
4. Agli inglesi piace il tè, e .... agli italiani?
5. Le piace il vino rosso?
6. Preferisci patatine fritte o insalata?
7. Preferite acqua o vino durante il pranzo?

( ) a. Un pò, ma preferisco il prosciutto.
( ) b. Senza dubbio preferiscono il caffè.
( ) c. Preferiamo la carne.
( ) d. Se è fresca, preferisco l'insalata.
( ) e. Preferiscono le angurie molto mature.
( ) f. Preferiamo di più il vino.
( ) g. Sì, ma preferisco quello bianco.

Talking Point

2. What would you like?

Elena still doesn't want to speak to Mario, but after two days Mario invites her to lunch for a talk. Put the lines of the conversation in the correct order. Hint: the first line is "Tu, che prendi?"

Elena	Sì, va bene, un panino al salame e un'acqua minerale.
Elena	Ho provato la loro pizza la settimana scorsa ed era orribile.
Elena	Non so. Non ho molta fame.
Elena	Per me un panino al salame.
Mario	Patatine, per favore.
Mario	Ah, beh. Prendi un panino allora.
Mario	Si, io prendo una porzione di pollo arrosto.
Mario	Prova la pizza. È proprio buona qui!
Mario	Tu, che prendi?

Mario	Un'acqua minerale e un'aranciata.
Cameriere	Con insalata o patatine fritte?
Cameriere	Pronti per ordinare?
Cameriere	Un pollo arrosto con patatine e un panino al salame. E da bere?

Word Power

3. Fruit, vegetables, or meat

Put the following words into the appropriate category:

pollo, lattuga, mela, agnello, banana, pera, vitello, patate, prosciutto, piselli, limone, carote, uva, maiale, cipolla, salsiccia, arancia, bistecca, fragola.

FRUTTA	VERDURE	CARNI

4. Shopping list

Make up your shopping list by asking yourself questions as in the example.

Example: Quant_ (pollo) devo comprare? **Quanti polli devo comprare?**

1. Quant _____ (vino) devo comprare? _____

2. Quant _____ (limone) devo comprare? _____

3. Quant _____ (pera) devo comprare? _____

4. Quant _____ (bistecca) devo comprare? _____

5. Quant _____ (uva) devo comprare? _____

6. Quant _____ (cipolla) devo comprare? _____

7. Quant _____ (lattuga) devo comprare? _____

8. Quant _____ (pane) devo comprare? _____

9. Quant _____ (formaggio) devo comprare? _____

Language Focus

5. Countable or uncountable?

Write *un, una, uno* before the items which are usually countable, and *del/dei*, etc. before those which are usually uncountable.

1. _____ vino rosso
2. _____ bicchiere di Marsala
3. _____ yogurt
4. _____ uovo
5. _____ pane
6. _____ birra
7. _____ mela
8. _____ carne
9. _____ prosciutto
10. _____ frutta
11. _____ formaggio
12. _____ tazza di caffè

6. Quantities

Reply as in the example.

Example: Hai delle uova? (2)   Ne ho due. _____

1. Hai dello zucchero? (1/2 kg) _____
2. Vuole del parmigiano? (400 gr.) _____
3. Quanti panini hai mangiato? (1) _____
4. Avete del vino francese? (3 bottiglie) _____
5. Quanta pizza vuole? (1 kg) _____
6. Volete degli spaghetti? (2 pacchi) _____

Reading Corner

7. Monica's letter

Monica is writing to her mother, and telling her about the argument she had with her husband Filippo yesterday. Make questions from the words given, and then give short answers.

1. litigato/ieri/chi/ha?

_____

2. esercizio/mai/Filippo/fa?

_____

Ieri io e Filippo abbiamo litigato per il cibo. Mangia sempre e non fa mai esercizio. Mangia sempre pane tostato e tantissima marmellata a colazione. A pranzo di solito mangia una pizza o va in rosticceria. Io compro lo yogurt, la frutta e il latte per lui - poi apro il frigo e trovo salame, mortadella e anche birra! Gli piace il tennis, il nuoto e il calcio ma solo in televisione. L'anno prossimo compie cinquant'anni! Che cosa devo fare?

3. molto/lui/a colazione/mangia?

    ----

4. chi/salame/compra/birra/e?

    ----

5. gioca/Filippo/a tennis/spesso?

    ----

6. anni/compie/l'anno/prossimo/quanti?

Write Here

8. Breakfast and lunch

Make sentences about what Mario, Elena, Filippo and Monica usually eat for breakfast and lunch, as in the example.

	Colazione	Pranzo
Mario	cornetto, caffè	pizza, panini
Elena	yogurt, succo di frutta, pane tostato	panini
Filippo	marmellata, pane tostato, caffè	spaghetti, pizza
Monica	caffè, pane tostato	insalata, frutta

Example: *Di solito a colazione Mario mangia un cornetto e beve un caffè.*
Di solito a pranzo mangia una pizza o dei panini.

1. Elena

    ----

2. Filippo

    ----

3. Monica

UNIT 11 : Do you know how to ...?

In Unit 11, you will talk about things you can and can't do, and jobs. There is also practice asking and giving reasons for doing or not doing things.

Match Game

1. Verbs

Match each verb to an appropriate phrase.

1. guidare	( )	a. in bicicletta
2. parlare	( )	b. una frittata
3. usare	( )	c. una canzone
4. suonare	( )	d. un pullman
5. fare	( )	e. la chitarra
6. andare	( )	f. a tennis
7. cantare	( )	g. francese e tedesco
8. giocare	( )	h. il word-processor

Talking Point

2. Sa ...?

Elena wants to get away from Firenze – so today she's gone for a job interview with a tour company. Fill in the spaces with an appropriate verb from the box.

Elena So _____ e so _____ il word-processor.

Sig.ra Bianchi Questo non importa perché abbiamo molte segretarie. Sa _____ qualche lingua straniera?

Elena Sì, so _____ inglese e tedesco e anche un po'di spagnolo.

Sig.ra Bianchi Benissimo. E sa anche scriverle?

Elena Sì.

Sig.ra Bianchi Ha la patente? Sa _____ un pullman?

Elena Un pullman? So _____ la macchina ma un pullman proprio no.

Sig.ra Bianchi Non si preoccupi. Glielo possiamo _____ noi. Le piacciono i climi freddi?

Elena Sì. Sono nata in Val d'Aosta. Mi piacciono molto i climi nordici.

Sig.ra Bianchi Ottimo. E vorrebbe _____ un nuovo lavoro?

Elena Come segretaria?

> parlare   usare
> portare   guidare
> fare   insegnare
> parlare   guidare
> scrivere a macchina
> cominciare

Sig.ra Bianchi	No, come guida turistica. Le piacerebbe _____ un gruppo di turisti in Norvegia?
Elena	Sì, moltissimo.
Sig.ra Bianchi	Bene. Un'ultima domanda, può _____ domani?

Word Power

3. Jobs

Match the questions to the responses.

> **cucinare   scrivere a macchina   dipingere   parlare francese**
> **suonare il pianoforte   cantare   guidare**

Example: <u>Sa suonare il pianoforte?</u> _____ Sì, infatti sono un pianista.

1. _____ Sì, infatti sono un artista.

2. _____ Sì, infatti sono un insegnante di francese.

3. _____ Sì, infatti sono una segretaria.

4. _____ Sì, infatti sono un cuoco.

5. _____ Sì, infatti sono un autista.

6. _____ Sì, infatti sono un cantante lirico.

4. More jobs

See how many jobs you can find in the word square.

C	C	U	O	C	O	T	A	P	P
S	A	S	A	S	R	P	U	O	O
C	M	E	D	I	C	O	T	S	M
A	E	O	D	Z	L	N	I	T	P
N	R	G	L	N	C	F	S	I	I
P	I	N	I	M	A	Q	T	N	E
D	E	N	T	I	S	S	A	O	R
P	R	O	F	E	S	S	O	R	E
F	E	Z	A	R	T	I	S	T	A
A	V	V	O	C	A	T	O	N	P
(I	N	F	E	R	M	I	E	R	A)

Language Focus

5. *potere* or *sapere*

Rewrite the sentences using the correct form of the verb in parentheses, as in the example.

    Example: Non (io – sapere) suonare la chitarra. **Non so suonare la chitarra.** _____

1. (tu – potere) venire domani? _____

2. Non (lui/lei – potere) telefonarmi stasera. _____

3. Non (noi – sapere) dove vivi. _____

4. (loro – potere) fare quello che vogliono. _____

5. (voi – sapere) giocare a tennis? _____

6. Non (loro – sapere) parlare francese bene. _____

7. (noi – potere) partire domenica mattina. _____

6. Trying to explain

Fill in the blanks with the verbs in the box.

puoi	so	potete	sappiamo	sai	posso	può

1. Perché non (tu) _____ venire in macchina?   Perché non _____ guidare.

2. (tu) _____ venire alla mia festa?   No, mi dispiace non _____.

3. (tu) _____ suonare la chitarra?   Sì, ma non _____ prenderla per ora.

4. (voi) _____ cucinare gli spaghetti per noi?   No, non _____ cucinarli.

5. (Lei) _____ insegnarmi a giocare a scacchi?   Ma io non _____ giocare a scacchi!

6. (tu) _____ parlare giapponese?   No, ma _____ leggerlo.

Reading Corner

7. Elena's note

Read Elena's note to Mario and then answer the questions beginning each one with *perché* ...

Mi dispiace, ma non posso incontrarti domani a pranzo – ho trovato un nuovo lavoro! Infatti, non posso vederti né questa settimana né la prossima. Sono molto occupata!
Ti ho chiamato ieri sera ma non eri a casa. Forse eri al cinema? O forse insieme alla straniera? Ma non importa più. Non mi piace più Firenze. Fa sempre troppo caldo. La prossima settimana Norvegia!! Per respirare un pò.
Quindi arrivederci Firenze e ... Mario.
Elena

1. Come mai Elena non può incontrare Mario a pranzo?

----

2. Come mai non può incontrarlo la settimana prossima?

----

3. Come sa che Mario non era in casa ieri sera?

----

4. Come mai non le piace Firenze?

----

5. Come mai dice arrivederci a Firenze e a Mario?

Write Here

8. How good are you?

Make up questions and answers as in the example.

	giocare a tennis	parlare inglese	nuotare
Monica	non molto bene		sì, un po'
Filippo		sì, molto bene	
Giacomo	sì, molto bene	no	per niente
Stefania		sì, un po'	per niente

Example: Monica/giocare a tennis

Sa giocare a tennis Monica? No, non sa giocare molto bene.

1. Filippo/parlare inglese

2. Giacomo/parlare inglese

3. Monica/nuotare

4. Giacomo e Stefania/nuotare

5. Giacomo/tennis

6. Stefania/parlare inglese

48

UNIT 12: Review

In Unit 12 there is a chance to review the work you did in Units 1–11.

1. A, B OR C?

Choose which of the answers is correct.

1. Piacere!
   a Sto bene
   b Molto lieto!
   c Grazie

2. Vuoi qualcosa da bere?
   a No, grazie
   b Vorrei qualcosa da bere, per favore.
   c Preferisco un caffè.

3. Ci sono negozi vicino al tuo ufficio?
   a No, è lontano.
   b Sì, molti.
   c Sì, sono vicini.

4. Ti piace il tuo nuovo capo?
   a Non molto.
   b Io non gli piaccio.
   c Non mi piace né l'una né l'altro.

5. Quant'è quella camicia blu?
   a No, questa è verde.
   b L 35.000
   c Ci sono 3 camicie.

6. È lontano da qui il tabaccaio?
   a No, è abbastanza lontano.
   b È a sinistra.
   c No, è abbastanza vicino.

2. Prepositions

Fill in the blanks with the correct preposition.

1. Che cosa c'è _____ televisione?

2. I tuoi occhiali sono _____ tavolo.

3. Il quadro nuovo è _____ muro.

4. Il gatto è _____ il tavolo.

5. La poltrona è _____ angolo a destra.

6. Il bagno è _____ primo piano.

7. Di fronte _____ chiesa c'è il museo.

3. Pronouns

Answer by inserting a pronoun in the gaps, as in the example.

Example: Quando vedi Mario?   Lo vedo domani.

1. Ti piacciono le lasagne?   No, non _____ piacciono molto.

2. Hai parlato a Giulia?   _____ parlo subito.

3. Avete letto la notizia?   Si, _____ abbiamo letta.

4. A Giacomo piace il pollo?   _____ piace tantissimo!

5. A che ora vi alzate la mattina?   _____ alziamo ogni mattina alle 7:00.

6. Guardate spesso la televisione?   No, non _____ guardiamo mai.

4. Questions and answers

Make questions for these answers.

1. _____

Costano L1.000 l'uno.

2. _____

L'ho comprato ieri.

3. _____

Chiude alle 17:30.

4. _____

Rosso.

5. _____

Ha 10 anni.

6. _____

Si, ho due maschi e una femmina.

5. Before and after

Pay attention to the position. Fill in the gaps with correct form of quello.

1. Prenda _____ pantaloni!   Quali pantaloni, questi o _____ ?

2. Vorrei _____ scarpe.   Quali scarpe, queste o _____ in vetrina?

3. Mi piace _____ camicia.   Quale camicia, questa di seta o _____ di cotone?

4. Vorrei _____ stivali.   Quali stivali, questi neri o _____ marroni?

5. Non mi piace _____ cappotto.   Quale cappotto, questo grigio o _____ rosso?

6. Transformations

Transform the following sentences as in the example.

Example: Vado da mia madre. (ieri) *Ieri sono andata da mia madre.* -----

1. Ezio e Stefano, venite a trovarci! (domenica) ------------------

2. Facciamo un pò d'esercizio! (lunedì pomeriggio) ------------------

3. Prendo un gin e tonic. (sabato sera) ------------------

4. Leggiamo l'oroscopo! (la settimana scorsa) ------------------

5. Esco prima delle quattro. (ieri) ------------------

7. Mixed-up sentences

Unscramble the words on the right to find the answers.

1. Hai molte camicie di seta?   ne/si/dieci/ho/più/di

----

2. Quante case hai? città/una/ne/una/in/mare/al/ho/e/due

----

3. Leggi giornali stranieri?   leggo/si/ogni/uno/ne/settimana

----

4. Ci sono uova nel frigo?   dozzina/n'è/ce/una

----

5. Quanti film di Fellini hai visto? so/visti/molti/ne/ho/non

----

6. Sono tutti tuoi questi gatti?   solo/io/ne/no/uno/ho

----

8. Find the mistake

Each sentence has one mistake – rewrite the sentences correctly.

Example: Mario è a ~~chena~~ fuori.   *Mario è a cena fuori.* -----

1. Il banca è chiusa la domenica. ------------------

2. Non ho bambino. ------------------

3. La sera mangio alla sette. ------------------

4. Sono andato da Lisa in piedi. _____

5. Siamo andato in Francia molte volte. _____

6. Mi scusi, ha della succo di frutta? _____

9. About you

Can you answer these questions about yourself?

1. Dove abita? _____

2. Qual è il suo nome? _____

3. È sposato/a? _____

4. Da dove viene? _____

5. Quanti anni ha? _____

6. Ha bambini? _____

10. Crossword

Use the clues to fill in the crossword.

Across
1. Lavora in un ristorante
6. Quanti giorni in una settimana?
7. La sorella di tua madre
8. Si fa la frittata con queste
9. Pasto serale
10. C'è una macchina dentro
12. Vi si beve anche il tè
13. Come una
15. Si legge ogni giorno
16. Un saluto

Down
2. Li portano gli uomini
3. Frutta e colore
4. Sono piccoli rotondi e verdi
5. Lo è l'asparago
9. Una strada
11. Si beve e vi si nuota
14. Contrario di sì

UNIT 13: What does she look like?

In Unit 13 you will find practice describing people, and there is also work on comparing things.

Match Game

1. Who's who?

Join the words to the appropriate picture.

1. alto
2. grasso
3. scuro
4. chiaro
5. forte
6. vecchio
7. felice
8. magro

Talking Point

2. What does he look like?

Read the conversation between Monica and her husband, Filippo, and then say if the statements below are true or false.

Filippo	Ieri sera ho visto al bar il tuo nuovo stilista. Era piuttosto ubriaco …
Monica	Davvero? Chi è?
Filippo	Non so il suo nome. L'ho visto la settimana scorsa al party dell'ufficio.
Monica	Che tipo è?
Filippo	Alto e magro. Ha capelli scuri e corti. Ha circa 30 anni.
Monica	Ah! È Mario Cecconi. Ha un naso grosso ma è abbastanza attraente. È lui?
Filippo	Sì, proprio lui. Non era molto felice ieri sera. E ha bevuto anche molto.
Monica	Questo perché la sua ragazza ha trovato un nuovo lavoro e ieri è andata in Norvegia come guida turistica.

Filippo   Chi, quella giovane attraente, con i capelli corti che porta sempre grossi orecchini?

Monica   Sì, proprio lei. Perché? La conosci?

1. Mario è andato al bar ieri sera.   *V/F*

2. Filippo non è andato alla festa dell'ufficio.   *V/F*

3. Mario ha capelli scuri.   *V/F*

4. Mario è grasso.   *V/F*

5. Mario ha bevuto molto ieri sera, perché era molto felice.   *V/F*

6. Alla ragazza di Mario piacciono gli orecchini grossi.   *V/F*

Word Power

3. Parts of the body

Can you name these parts of the body?

1. _____

2. _____

3. _____

4. _____

5. _____

6. _____

7. _____

8. _____

Language Focus

4. Definite article

Insert, where appropriate, the correct form of *il, lo, la,* etc...

1. _____ mio ragazzo è molto simpatico.

2. _____ sua madre ha solo 40 anni.

3. _____ tuoi capelli sono veramente morbidi.

4. Mario ha ancora _____ mie cassette.

5. Questo è _____ mio fratello.

6. Io e _____ mia sorella abbiamo gli occhi blu.

5. Comparatives and superlatives

Fill in the appropriate form of the words in the chart.

Aggettivo	Comparativo	Superlativo
1. basso		
2. vecchio		
3. buono		
4. lungo		
5. felice		
6. bello		
7. leggero		
8. grosso		
9. cattivo		
10. magro		

6. Word order

Put the words into the correct order to make sentences or questions.

1. il monte Everest/mondo/montagna/la/del/più alta/è

   ----

2. Monica/sorella/più bella/sua/è/di

   ----

3. più basso/di/Mario/è/me

   ----

4. il/più lungo/mondo/del/è/fiume

   ----

5. è/famiglia/più alto/della/il/sua

   ----

6. macchina/mia/della/più cara/la/tua/è

Reading Corner

7. Blind date

Mario's friend Ezio has arranged a blind date for him with a friend of his, Rossella. Below is the note that Mario wrote to Rossella, arranging when and where to meet. Fill in each blank with one of the words from the box.

castani
ho alto
magro
porto
più
capelli
di

Ciao. Possiamo incontrarci venerdì? Che ne dici della Pizzeria Rustica alle 8:30? Io sono _ _ _ _ _ _ _ _ bello di Ezio! Sono anche più _ _ _ _ _ _ _ _ e di lui di 5 cm. Ho _ _ _ _ _ _ _ _ corti e neri e occhi _ _ _ _ _ _ _ _ sempre i jeans e una giacca _ _ _ _ _ pelle nera. Scusami ma non _ _ _ _ _ _ una fotografia! Ci vediamo venerdì.
Mario Cecconi

Write Here

8. Answer the questions

Answer the questions below with full sentences, as in the example:

	Stefano	Daniele	Angela
Età	27	34	31
Altezza	189cm	184cm	178cm
Capelli	scuri, lunghi	scuri, corti	chiari, lunghi

Example: Chi è il più alto? Il più alto è Stefano.

1. Chi è il più vecchio?

2. Chi è il più giovane?

3. Chi è più giovane di Angela?

4. Chi è più basso di Stefano?

5. Chi ha i capelli più scuri di Angela?

6. Chi ha i capelli più corti?

UNIT 14: Isn't it a lovely day?

In this unit you will describe the weather, give reasons for something using *quindi* and express pleasure by using expressions starting with *Che...!*

Match Game

1. The weather

Match the sentence halves, joining them with *quindi*.

1. Nevica oggi		a. non possiamo andare in bicicletta
2. Piove oggi		b. non si vede niente
3. C'è un bel sole oggi	**QUINDI**	c. ho messo guanti e cappello
4. C'è nebbia oggi		d. i bambini sono andati a fare un bagno
5. C'è vento oggi		e. mi siedo in veranda
6. C'è molto caldo oggi		f. mi porto l'ombrello

Talking Point

2. Old friends

During a stop in Milan, on her way to Oslo, Elena calls some old friends, Pietro and Annalisa. Fill in the blanks in their conversation with an item from the box.

a che ora	in	questo	tua	degli	stai	telefoni	per	fai		
tu	dove	qui	a	giorni	faccio	stasera	è	chi	a	

Elena Pronto, Pietro? Sono io, Elena, Elena Ferrari.

Pietro Elena! Come _____

Elena Bene. E _____?

Pietro Benissimo. Ma _____ sei? _____ da Aosta o sei qui _____ Milano?

Elena Sono a Milano, ma vado _____ Oslo.

Pietro A Oslo? In vacanza?

Elena	No, adesso _____ la guida turistica.
Pietro	La guida turistica e vai _____ Norvegia? Brava! Ti fermi molto _____ a Milano?
Elena	Solo una notte. Riparto con il gruppo domani _____ Oslo. Il giro dura dieci _____. E tu? Che cosa _____?
Pietro	In questo momento? In _____ momento sto lavando _____ abiti e pulendo la casa.
Elena	E dov'è Annalisa?
Pietro	Annalisa _____ al lavoro. Senti, sei libera _____? Perché non vieni a cena?
Elena	A casa _____? _____ cucina?
Pietro	Io.
Elena	Bene. Allora vengo volentieri. _____?

Word Power

3. Odd man out

Circle the word which doesn't belong.

1. neve   caldo   nebbia   pioggia   vento

2. sulla   dal   nel   sopra   alle

3. sempre   di solito   qualche volta   spesso   ora

4. oggi   stamattina   adesso   settimana   stasera

5. ombrello   guanti   cappello   sciarpa   calze

6. giornale   libro   depliant   rivista   calcolatrice

4. *Che bella ...!*

Rewrite the following expressions as in the example.

Example: Che bel giorno!   Che giorno bello! _____

1. Che bel tempo!   _____

2. Che bei tramonti!   _____

3. Che bella mattina!   _____

4. Che begli scogli!   _____

5. Che belle giornate!   _____

Language Focus

5. What's the weather like?

Good or bad weather? It depends what you want to do: find an appropriate expression using *fare* to describe the weather.

Example: C'è del vento, e voglio fare volare un aquilone   *Fa bel tempo.*

1. C'è del sole, ma a me piace la pioggia. _____

2. Nevica, e faccio dello sci. _____

3. Andavamo al mare, e il sole splendeva. _____

4. Vorrei prendere il sole, ma piove molto. _____

5. C'era della nebbia: non posso visitare i miei parenti. _____

6. Talking about oneself

Insert the correct form of the verb as in the example.

Example: (io/divertirsi) molto lo scorso inverno in montagna.

   Mi sono divertito molto lo scorso inverno in montagna. _____

1. (Giacomo/alzarsi) _____ all'ora di pranzo sabato mattina.

2. Non (noi/stancarsi) _____ per niente in palestra.

3. L'estate scorsa (noi/abbronzarsi) _____ tantissimo andando in barca.

4. (tu/fermarsi) _____ molto a Oslo?

5. I bambini (svegliarsi) _____ presto perché c'era caldo.

6. (voi/riposarsi) _____ questo finesettimana?

Reading Corner

7. Elena's postcard

This is a postcard Elena has been writing. Make questions about the postcard to go with the answers below.

Example: *C'è molto freddo?* _____ No, fa bel tempo.

1. _____ Sono nell'albergo.

2. _____ No, oggi è libera.

3. _____ Trentacinque.

4. _____

   A Pietro e Annalisa.

5. _____

   Tre.

6. _____

   Per una compagnia di computer.

7. _____

   No, lui no.

Cari mamma e papà,

mi diverto moltissimo. Il tempo è stupendo, anche se fa un pò freddo. Il sole splende lo stesso. Nell'albergo c'è una piscina coperta e una sauna. C'è anche un magnifico campo sportivo. Oggi è il mio giorno libero. Ci sono 35 persone nel gruppo, e una sola guida: io!!, quindi di solito sono molto occupata. Ci siamo fermati a Milano e ho telefonato a Pietro e Annalisa. Vi ricordate di loro? Stanno bene e hanno tre bambini. Annalisa lavora per una compagnia di computer mentre Pietro non lavora e bada ai bambini.

Write Here

8. *Quindi* or *perché?*

Complete the statements below using the prompts in parentheses and joining them with *quindi* or *perché* as appropriate.

Example: Oggi è il compleanno di Monica. (stasera/andare/al ristorante).

   Oggi è il compleanno di Monica, quindi stasera andiamo al ristorante.

1. Facciamo campeggio. (non/piacere/alberghi).

   _____

2. Oggi è il nostro anniversario. (celebrare/amici).

   _____

3. Sto a casa stasera. (piovere).

   _____

4. Non avevo soldi l'anno scorso. (non/andare/vacanza)

   _____

5. I bambini dormono. (essere/molta/pace).

   _____

6. Mi piace sciare. (andare/sempre/Francia o Svizzera).

   _____

UNIT 15: Are you doing anything on Sunday?

In Unit 15 you will find practice making plans, invitations, suggestions. You will also use *devo*.

Match Game

1. Invitations

Match the invitations or comments on the left with a suitable response from the right.

1. Andiamo a teatro sabato sera?
2. Sei libero stasera?
3. Perché non guardiamo il film alla TV stasera?
4. Perché non ci vediamo alle 7:30 di fronte alla stazione?
5. Sei occupata domenica?
6. Ti invito alla mia festa di compleanno.
7. Mi dispiace, ma devo finire una relazione.

( ) a. Sì, gioco a tennis.
( ) b. Benissimo! Che giorno è?
( ) c. Non importa.
( ) d. Sì, volentieri. Hai già i biglietti?
( ) e. Buona idea.
( ) f. D'accordo! Ci vediamo lì allora.
( ) g. Sì, perché?

Talking Point

2. Birthday invitation

Fill in the blanks with an appropriate phrase.

Adriana Ciao, Filippo. Sono io, Adriana. Posso parlare con Monica, per piacere? È in casa?

Filippo Ciao, Adriana. Si, c'è. _____, è sul balcone. (He shouts:) M O N I C A ! T E L E F O N O ! È A D R I A N A. Arriva subito, Adriana.

Adriana Grazie... Monica, ciao. _____. Sei occupata?

Monica No, non ti preoccupare. Stavo solo pulendo un po' il balcone. Che c'è?

Adriana Beh, sei libera il prossimo martedì sera?

> Va bene
> Un attimo
> E dimmi
> Scusa, se ti disturbo
> Non so ancora
> Credo di sì
> Si, volentieri
> Peccato

61

Monica	_____ . Che data è?
Adriana	Il due – il due giugno. È il compleanno di Pippo e con alcuni amici pensiamo di andare fuori a pranzo in quella nuova trattoria. Volete venire tu e Filippo?
Monica	_____ . Aspetta un attimo – Controllo sull'agenda. Sì, sono libera. Ah, Filippo, deve andare a Pisa per lavoro. _____ , ma io posso venire!
Adriana	Bene.
Monica	Dove e quando ci incontriamo?
Adriana	A casa nostra, verso le 8:30. _____ ?
Monica	Sì, va bene. Non vedo l'ora. _____ , che cosa gli regali?
Adriana	_____ , forse una macchina fotografica o un orologio.

Word Power

3. The months

Write out the names of the months in full from these abbreviations, and add the three remaining ones.

1. mar. _____
2. nov. _____
3. apr. _____
4. gen. _____
5. dic. _____
6. ag. _____

7. feb. _____
8. ott. _____
9. sett. _____
10. _____
11. _____
12. _____

4. How about going to …?

Below are some places or events you might receive an invitation to. Rearrange the letters to find out what they are.

1. micean _____
2. toreta _____
3. trenasitro _____
4. taleblot _____

5. sfeta _____
6. sdocciate _____
7. roccento _____
8. esumo _____

Language Focus

5. Invitations/Suggestions

Change these invitations to suggestions, as in the example.

Example: Vuoi venire a giocare a tennis, martedì?

Perché non andiamo a giocare a tennis martedì?

1. Vuoi venire al cinema mercoledì?

   ----

2. Vuoi venire a giocare a golf questa domenica?

   ----

3. Vuoi venire a fare campeggio in agosto?

   ----

4. Vuoi stare a casa questa sera?

   ----

5. Vuoi fare una festa per il tuo compleanno?

   ----

6. Making plans

Find answers which respond to the questions asked.

1. Vai in India quest'estate?
2. Sig. Rossi, perché non viene a pranzo da noi, mercoledì?
3. Che cosa fai stasera?
4. Che cosa fate giovedì?
5. Vieni a cena domenica?
6. Andate a vedere il balletto, sabato?

a. Lei è molto gentile, ma devo andare ad un concerto.
b. Devo finire una traduzione.
c. No, devo rimanere in Italia.
d. Purtroppo la domenica sera devo aiutare mia madre.
e. Sì, andiamo al matiné.
f. Dobbiamo lavorare.

Reading Corner

7. L'invito

Angela has decided to have a party for the people in her office. Put the lines into the right order.

> Caro Mario
> 1. anche Monica con Filippo. E Tina con Marco e i loro
> 2. sera? I colleghi del nostro ufficio
> 3. Ci sarà tanta musica e da mangiare e .....
> 4. qui da me verso le 8:30.
> 5. quello che devi fare è venire insieme alla tua ragazza. Viene
> 6. Ciao, come va? Eccoti un invito – Vuoi
> 7. sono tutti invitati insieme ai partner.
> 8. venire ad una piccola festa che terrò da me domenica
> 9. 3 cani! Ti aspetto con Elena
> Angela

Write Here

8. The game of tennis

Two friends are trying to arrange a game of tennis. Look at the calendar, and respond to the suggested times, as in the example.

Example: Facciamo lunedì pomeriggio? _Mi dispiace, ma lunedì devo andare al cinema con la mia famiglia._

MAGGIO						
Lun.	Mar.	Mer.	Giov.	Ven.	Sab.	Dom.
3 6:30 cinema con famiglia	4 10:00 dottore 6:00 visitare mamma	5 2:00 badminton con Tommaso festa da Carla	6 badare ai bambini	7 dipingere il bagno	8 9:30 portare i bambini a scuola	9 Messa cena da mamma

1. Facciamo martedì sera? _____

2. Facciamo il cinque, di pomeriggio? _____

3. Facciamo il sei maggio? _____

4. Facciamo sabato matttina? _____

5. Facciamo venerdì, mattina o pomeriggio? _____

6. Facciamo domenica mattina? _____

UNIT 16: Do you come here often?

In this unit you will find examples of small talk and practice with asking and giving permission to do something. You will also talk about how often you do something.

Match Game

1. Anch'io ...

Match the statements on the left with a response from the right.

1. Mi piace molto il balletto.
2. Studio il francese.
3. Non mi piace lo sport.
4. Ero molto occupata, ieri.
5. Non faccio niente questo finesettimana.
6. Siamo andati a teatro.
7. Non gli ho dato nessun regalo.
8. I miei genitori vivono a Roma.
9. Il mio appartamento costa molto.

( ) a. Anch'io.
( ) b. Neanche a me.
( ) c. Anche i miei.
( ) d. Io sì. Sabato e domenica!
( ) e. Anche noi.
( ) f. Anche a me.
( ) g. Anche il mio.
( ) h. Lo ero anch'io.
( ) i. Neanch'io.

Talking Point

2. Small talk

Choose the correct word.

Rossella Questo è un bel posto. Vieni qui spesso/mai?

Mario Sì, una volta/poco alla settimana. E tu che cosa fai quando sei libera?

Rossella Vediamo. Mi piace cantare. Imparo a suonare la chitarra. Vado a lezione ogni/qualche martedì e sabato. E mi piace dipingere. Vado al cinema abbastanza sempre/spesso.

Mario Sei mai/sempre occupata, allora! Vai sempre/mai a teatro?

Rossella Oh, sì! Io adoro il teatro.

Mario Anch'io. Infatti adesso/ieri ho comprato due biglietti per venerdì sera al Teatro Nuovo. Vuoi venire?

Rossella Volentieri!

Mario Bene. Senti, ho un'idea. Perché non andiamo invece a quel Pianobar che hanno aperto ogni giorno/da poco.

Rossella Per me va bene. Ma chi è quella donna che ti guarda in modo strano?

Mario Ma, chissà! Io non la conosco. Andiamo!

Word Power

3. Categories

Put these words into the appropriate categories.

il telefono, una partita di calcio, l'inglese, il calendario, la macchina fotografica, la TV, i film, cucinare, il computer, dipingere, le commedie, la chitarra, una videocassetta, l'orologio, i soldi, fare fotografie, scrivere a macchina.

1. Cose da imparare _____

2. Cose da guardare _____

3. Cose da usare _____

4. What is it for?

Choose one of the items in the categories above to complete each sentence below.

1. _____ serve per fare fotografie.

2. _____ servono per comprare tante cose.

3. _____ serve per comunicare con tanti stranieri.

4. _____ serve per segnare il tempo.

5. _____ serve per parlare con gli amici.

Language Focus

5. Fill in the blanks

Fill in the blanks, when appropriate, with the article: *il, la,* etc.

1. Dove vai _____ mercoledì prossimo?

2. Sei sempre a casa _____ lunedì mattina?

3. A che ora andiamo al cinema _____ sabato?

4. Vieni alla festa di Marco _____ venerdì sera?

5. _____ domenica mattina mi alzo sempre tardi.

6. Asking permission

Ask somebody's permission to do something with *Le dispiace* se or *Ti dispiace* se as appropriate, as in the example.

Example: (amico/amica) telefonare *Ti dispiace se telefono?*

1. (amico/amica) ascoltare la radio

   ----

2. (signore/signora) leggere il giornale

   ----

3. (amico/amica) ti fotografare

   ----

4. (signore/signora) sedersi qui accanto

   ----

5. (signore/signora) chiudere la finestra

   ----

6. (amico/amica) aprire la porta

Reading Corner

7. How often...?

After reading the description overleaf, make questions beginning with *Quante volte ...?* to go with these responses.

Example: *Quante volte insegna a scuola?*

   3 volte alla settimana

1. ------------------------------------

   2 sere alla settimana

2. _____

    una volta al mese

3. _____

    una volta all'anno

4. _____

    2 volte all'anno

5. _____

    un finesettimana ogni mese

Sono quasi sempre molto occupato. Sono supplente in una scuola media e insegno il lunedì, martedì e venerdì mattina. Vado in piscina ogni martedì e venerdì sera, ma ho una lezione di danza il primo venerdì di ogni mese, così non vado in piscina quel giorno. Una volta all'anno faccio campeggio con degli amici e quest'anno andiamo in Grecia; così al momento seguiamo un corso di greco una volta alla settimana, il mercoledì mattina. Non impariamo molto, e non posso andare la prossima settimana perché devo andare dal dentista (vado dal dentista una volta ogni sei mesi). Mia madre viene a trovarmi una volta al mese, normalmente all'inizio del mese, ma questo mese verrà il secondo finesettimana, perché devo andare ad una festa questo sabato sera.

Write Here

8. Do you ever …?

Answer these questions about yourself.

    Example: Fa mai campeggio?

    Sì, faccio campeggio due volte all'anno.

    or _No, non vado mai a far campeggio._

1. Va mai a sciare?

_____

2. Mangia mai al ristorante?

_____

3. Guarda mai il telegiornale?

_____

4. Beve mai il whisky?

_____

5. Va mai in bicicletta?

_____

UNIT 17: It's going to be a busy month.

In Unit 17 you will talk about the future, predict what is going to happen, and ask for more information.

Match Game

1. Matching sentences

Match the three parts to make complete sentences.

1. Ascolterò		Angela, nella tua lettera?
2. Lavoreremo	con	golf?
3. Chi telefonerà	a	la radio.
4. Andremo al cinema	per	la stessa ditta.
5. Con chi giocherete		Giacomo e Stefania.
6. Che cosa scriverai		Giorgio? Non conosco il suo numero.

Talking Point

2. The argument

Monica is having an argument with her son Giacomo. Put the lines in the correct order to find out what they are arguing about.

1.	**Giacomo**	Non li supererò, ma non importa.
2.	**Giacomo**	Non andrò di certo a lavorare!
3.	**Giacomo**	No, non ancora.
4.	**Giacomo**	Non andrò all'università. Voglio andare in India e poi in Australia.
5.	**Giacomo**	Non faccio niente, perché?
6.	**Monica**	Non vuoi andare a lavorare. E allora andrai all'università?
7.	**Monica**	Perché non studi? Che cosa farai agli esami? Sono fra un mese!
8.	**Monica**	Giacomo, che fai nella tua stanza?
9.	**Monica**	Che significa, non importa? Che cosa farai dopo gli esami? Che lavoro vuoi fare?
10.	**Monica**	Come?! E i soldi da dove verranno? Che cosa farai quando sarai lì? Perché non me ne hai parlato prima? L'hai detto a tuo padre?

Word Power

3. What's going to happen?

Choose one of the verbs in the box to fit each picture, and complete the sentence using the future tense of the verb.

piovere
cadere
arrivare
scontrarsi
aprire
imbucare
rompersi

Example: _Chiuderà la finestra_

1. Le due macchine _ _ _ _ _ _ _ _ _

2. Sembra che _ _ _ _ _ _ _ _ _

3. L'uomo _ _ _ _ _ _ _ _ _ dalla scala.

4. La donna _ _ _ _ _ _ _ _ _ la lettera.

5. _ _ _ _ _ _ _ _ _ in ritardo.

6. La tazza _ _ _ _ _ _ _ _ _

7. L'uomo _ _ _ _ _ _ _ _ _ la porta.

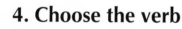

4. Choose the verb

Choose which verb is appropriate in each sentence.

1. Fai silenzio. Sto ascoltando/sentendo la radio.

2. Monica e Filippo verranno/andranno alla nostra festa?

3. Quando lo dirai/parlerai a tuo marito?

4. Puoi/sai venire giovedì prossimo?

5. Mi dispiace, ma non capisco/conosco la domanda?

Language Focus

5. Gossip – making questions

Respond to these statements in the future form of the verbs, as in the example.

Example: Andiamo all'estero quest'anno.

(dove/andare) *Davvero? Dove andrete?*

1. Mario compra un nuova macchina questo mese.

   (che tipo di)

2. La prossima settimana dipingiamo il bagno.

   (di che colore)

3. Porto Simona a teatro sabato sera.

   (che cosa/andare a vedere)

4. Pietro e Renata cambiano casa il prossimo mese.

   (dove/andare)

5. Monica fa una piccola festa venerdì.

   (chi/invitare)

6. Ehi, ho un nuovo lavoro!

   (quando/cominciare)

6. *Sarà* or *avrà?*

Fill in the blanks with the appropriate form of the verb *essere* or *avere* according to the pronoun in parentheses, as in the example.

Example: (lui) **Sarà** molto contento, oggi.

1. Ti (io) _____ grata.

2. Quanti anni (lui) _____ Giorgio?

3. Non (voi) _____ molti figli.

4. (tu) _____ fortunata in amore.

5. (noi) _____ sempre insieme!

6. (io) _____ sempre un bel ricordo di questa giornata!

Reading Corner

7. Your future

Read the horoscope, and then correct the statements below.

Example: Avrete un buon mese al lavoro.

No, non avrò un buon mese al lavoro.

1. Ci saranno problemi di soldi all'inizio del mese.

   ----

2. Avrete notizie dalla vostra famiglia.

   ----

3. Il vostro partner sarà molto contento.

   ----

4. Ci saranno dei litigi con il vostro capo.

   ----

5. Socialmente sarà un mese tranquillo.

   ----

6. Non avrete bisogno di esercizi.

LAVORO: Questo non sarà un buon mese per voi, quindi attenzione! Avrete dei problemi con i vostri colleghi all'inizio del mese, e problemi di soldi alla fine del mese.

AMORE: Avrete notizie da un vecchio amico – forse una lettera o forse una telefonata. Questo causerà problemi col vostro partner – sarà geloso. Ci saranno dei litigi.

SALUTE: Sarà un mese molto occupato, socialmente – molte feste e inviti, quindi attenzione alla salute! Avrete bisogno di molto esercizio, e di una dieta sana.

Write Here

8. Stefania's resolutions

Last year Monica's daughter, Stefania, wrote a list of ambitions in her secret diary, but now she has changed her mind about most of them. Using the notes below, write her new list of resolutions.

Example: sposare – Giovanni (Antonio) *Non sposerò Giovanni, sposerò Antonio.*

1. imparare – ~~chitarra~~ – pianoforte

   ----

2. diventare – ~~insegnante~~ – ingegnere

   ----

3. vivere – ~~Canada~~ – Brasile

   ----

4. guidare – ~~Ferrari~~ – Rolls Royce

   ----

5. essere – ~~buona~~ – ricca

   ----

6. avere – ~~cani~~ – cavalli

UNIT 18: Two returns to Bologna, please.

Unit 18 is about travel, and you will find practice buying tickets, finding out train times, asking for repetition of relevant information and making polite requests.

Match Game

1. Reasons

Match each question to a suitable response.

1. Perché andate a Bologna?	( ) a. Per prenotare una camera.
2. Perché vai al centro sportivo?	( ) b. Per cambiare soldi.
3. Perché andate alla stazione?	( ) c. Per conoscere i miei genitori.
4. Perché vai all'albergo Sole?	( ) d. Per giocare a badminton.
5. Perché andate all'aeroporto?	( ) e. Per comprare due biglietti per Bologna.
6. Perché vai in banca?	( ) f. Per incontrare un amico che viene dalla Germania.

Talking Point

2. Buying train tickets

Rossella is taking a reluctant Mario to Bologna to meet her parents. They are at the station now, buying tickets. Complete their conversation by filling in the blanks with words or phrases from the box.

> compreso
> per conoscere
> prossimo
> binario
> quanto
> vorrei
> biglietti

Impiegato Prego?

Rossella Potrei avere 2 _____ per Bologna?

Impiegato Vuole biglietti di sola andata, o andata e ritorno?

Rossella Due biglietti di andata e ritorno, per favore.

Impiegato Ecco. In tutto L 72.800.

Rossella Mi scusi, _____ ?

Impiegato L 72.800. È _____ il supplemento rapido.

Rossella Grazie. Potrebbe dirmi a che ora parte il _____ treno per Bologna?

Impiegato Vediamo … il prossimo treno per Bologna è alle 9:27, dal _____ 3.

Rossella Grazie. Andiamo, Mario.

Mario	Io veramente, _____ restare a Firenze oggi a pulire la macchina e a vedere i miei amici. Perché andiamo a Bologna?
Rossella	Lo sai bene perché, _____ i miei genitori. Andiamo e mi devi anche dare L 36.400.

Word Power

3. Cioè ...

To make sure you've understood, repeat the information below, as in the example.

    Example: Sono le 21:00. Il treno parte alle 21:30.   *Cioè fra mezz'ora.*

1. Sono le 19:15. Il film comincia alle 20:00. _____

2. È mezzogiorno. Il pranzo è all'una. _____

3. È già mezzanotte! Alle 12 e un quarto andremo a letto. _____

4. Sono le 10:00. Il pullman arriva alle 12:30. _____

5. Sono le 7:00. La colazione è alle 8:00. _____

4. Word puzzle

All the clues in the puzzle are about travelling and hotels. Fill them in to find one more means of transportation.

1. Il treno per Roma Termini parte dal _____ 2.

2. Il prezzo ridotto è di 25.000 _____ .

3. Vado alla stazione dei pullman a comprare un _____ .

4. In tutto L. 85.000, _____ la colazione.

5. C'e _____ per i bambini?

6. Vuole andata e ritorno o solo _____ ?

7. Questa è la _____ intera.

8. Vorrei una camera _____ per me e mia moglie.

Language Focus

5. Getting information

Imagine you can't understand or can't hear what someone says to you – ask for repetition of the relevant information.

Example: Il prossimo volo è mercoledì. _Mi scusi, quando?_

1. Il prossimo pullman per Bologna è quello blu là in fondo. _____

2. Potrei avere due biglietti per Venezia, per favore? _____

3. Sig. Rossi? Vi ha cercato un certo Sig. Marchetti. _____

4. Una stanza singola è L 75.000 a notte. _____

5. Il prossimo treno per Bologna parte dal binario 2. _____

6. Vorrei 3 biglietti di andata e ritorno per Assisi, per favore. _____

7. Il treno arriva a Chiasso alle 12.35. _____

8. L'aereo porterà ritardo per la nebbia a Milano. _____

6. Polite requests. *Potrei...?*

Read the situations described below, and then make some requests using the appropriate forms of *potere*.

Example: Chiedete quando parte il prossimo pullman per Orvieto.

Potrebbe dirmi a che ora parte il prossimo pullman per Orvieto?

1. Qualcuno parla velocemente – non capite.

_____

2. Chiedete due biglietti di andata e ritorno per Padova.

_____

3. Chiedete come andare alla stazione.

_____

4. Chiedete al tassista di fermarsi proprio lì.

_____

5. Non avete una penna. Chiedete alla persona accanto.

_____

Reading Corner

7. Elena's diary

Elena is keeping brief notes in her diary about each place the tour stays. Look at the notes below, and then rewrite them in full sentences.

Ieri sera siamo stati in un albergo bruttissimo.

Stati in albergo bruttissimo ieri sera. (1) Dormito in camere senza doccia! (2) Lavati in bagni sporchi. (3) Mangiato ristorante – non buono. (4) Provato cambiare albergo ma troppo tardi. (5) Litigato con direttore dell'albergo – un uomo non molto simpatico. (6) Ma tutti in Italia domani! (7) Volo Milano 2:30 pomeriggio.

Write Here

8. Potrebbe dirmi...

	Firenze	Bologna	Ferrara	Venezia
	06.05	07.05	07.40	09.25
1.	06.50	07.50	08.25	10.10
2.	09.40	10.40	11.15	13.00

Write out conversations about the timetable, like the one in the example below.

Example:

Passeggero: _Potrebbe dirmi quando parte il prossimo treno per Venezia da Bologna?_

Impiegato: _Sì, alle 7:05._

Passeggero: _E quanto ci mette?_

Impiegato: _Due ore e venti minuti._

1. Passeggero: _____

   Impiegato: _____

   Passeggero: _____

   Impiegato: _____

2. Passeggero: _____

   Impiegato: _____

   Passeggero: _____

   Impiegato: _____

UNIT 19: I feel terrible.

This unit is about health and exercise, and you will find practice with saying how you feel, giving advice and naming parts of the body.

Match Game

1. What to do when you feel cold

Match the advice with the corresponding sentence on the left.

1. Sentiamo freddo.
2. Mi sento solo.
3. Mi sento stanco.
4. Abbiamo fame.
5. Siamo grasse.
6. Ho sete.

( ) a. Vai a letto!
( ) b. Andate al centro sportivo!
( ) c. Bevi dell'acqua o un succo di frutta!
( ) d. Mettetevi un altro maglione!
( ) e. Mangiate un panino!
( ) f. Chiama un amico!

Talking Point

2. You look tired!

Elena returned from her Norway trip yesterday, and today while out shopping she bumps into Mario. Complete their conversation by choosing the correct verb from the ones in the box.

Mario   Elena! Ben _____ . Come è _____ il viaggio? Hai l'aria piuttosto stanca.

Elena   Sì, è vero. È _____ un'esperienza bellissima ma il viaggio è _____ veramente stancante. Tu hai un aspetto terribile! Che cosa ti succede?

Mario   Mi sento proprio male. Ho mal di testa, mi fa male lo stomaco, e non sono _____ a dormire la scorsa notte.

Elena   Sono gli effetti di una sbornia o hai l'influenza? Vai a casa e mettiti a letto!

Mario   Non posso. Devo incontrare qualcuno al bar dell'angolo alle 7:30.

Elena   Una donna?

Mario   Sì. Sono certo è colpa sua. Ieri mi ha _____ a Bologna a conoscere i suoi genitori e abbiamo _____ là. Sua madre cucina veramente male. È _____ un pasto orribile e al ritorno mi sono _____ male sul treno. È _____ un giorno bruttissimo e non la voglio più vedere.

> andato
> sentito
> stata
> portato
> stato(x3)
> riuscito
> pranzato
> tornata

77

3. Body parts

Rearrange the letters to find names for parts of the body, and then mark them on the picture.

1. costamo   _____
2. spetta   _____
3. spolo   _____
4. ambag   _____
5. namo   _____
6. chiocigno _____
7. vagliaci   _____
8. edipe   _____
9. motigo   _____
10. atroce   _____

4. Odd one out

Cross out the word which doesn't belong.

1. male   bene   buono   meglio   peggio
2. mano   gamba   polso   scarpa   testa
3. dottore   chirurgo   stilista   dentista   oculista
4. grasso   alto   snello   magro   obeso
5. pillole   gocce   compresse   pastiglie   capsule

Language Focus

5. *meglio – peggio*

Choose the correct word for each sentence.

1. Sto molto migliore/meglio di ieri.

2. Stamattina hai un aspetto peggiore/peggio.

3. È la soluzione meglio/migliore per tutti.

4. Ti sentivi meglio/migliore ieri?

5. Dopo le notizie stanno tutti peggiore/peggio.

6. Giving advice

Transform each sentence as in the example.

Example: Se mi siedo, mi fa male il ginocchio.   *Non sederti, allora.*

1. Se bevo il caffè, mi brucia subito lo stomaco.   _____

2. Se esco, prendo il raffreddore.   _____

3. Se rido, mi fa male la testa.   _____

4. Se prendo lo sciroppo, mi fa male di più la gola.   _____

5. Se metto il cappotto, sento troppo caldo.   _____

6. Se mangio molto, ingrasso.   _____

Reading Corner

7. Problem page

Read this letter to a magazine, and the answer, then correct the statements that follow.

Cara Epifania,

Puoi aiutarmi? Il mio problema è il peso. Fin da quando ero bambina, mia madre ha sempre cucinato dei dolcetti e delle torte meravigliose e ancora oggi ne mangio troppe. Ho cominciato ad ingrassare a dodici anni. L'anno scorso mi sono messa a dieta ma non sono dimagrita. Adesso faccio di nuovo la dieta ma con lo stesso risultato. E non riesco a dormire perché ho sempre fame. Sembro una balena e mi sento tanto sola.

Che fare? – Antonia

Cara Antonia,

Quando si è grassi, la dieta è senz'altro importante, ma è anche importante l'esercizio. Fai esercizio? Iscriviti ad un centro sportivo o a qualche palestra. Si incontra tanta gente interessante quando si fa dello sport. Ci si sente meglio, quando si fa esercizio e migliora anche l'aspetto. Buona fortuna. –

Epifania

Example: La mamma di Antonia è una cattiva cuoca.

No, è una brava cuoca. _____

1. Antonia non ha mai mangiato molto. _____

2. Ha perduto molto peso quando era a dieta. _____

3. Ha un aspetto orribile perché ha sempre molta fame. _____

4. Quando si è grassi, dieta e esercizio non sono importanti. _____

5. Si incontra tanta gente noiosa quando si fa sport. _____

6. Si ha un aspetto tremendo quando si fa esercizio. _____

Write Here

8. The pasta chef's hints

Monica has found Gertrud her au-pair's hurriedly scribbled note with some hints on how to cook pasta properly. Because Gertrud is leaving soon Monica has decided to rewrite the instructions for her. Write out the instructions in full sentences from the note.

Pentola piccola no, mai. (usare)

1. 1 Lt acqua – 100 gr pasta. (mettere)

2. sale solo quando acqua bollire. (aggiungere)

3. pasta quando acqua bollire. (buttare giù)

4. pasta spesso con forchettone. (mescolare)

5. coprire pentola no, mai mentre cucinare.

Non usate mai una pentola piccola.

_____

_____

_____

_____

_____

UNIT 20: How long have you lived here?

In this unit you will find practice talking about your experiences, and saying how long something has lasted.

Match Game

1. *già – ancora*

Match the sentences that have the opposite meaning.

1. Ha già finito.	( )	a.	Non ho ancora parlato a Mario.
2. Abbiamo già visto questo film.	( )	b.	Non ha ancora cominciato.
3. Sono già andate via.	( )	c.	È ancora alzata.
4. I bambini sono già in piscina.	( )	d.	Sono ancora in casa.
5. Monica è già a letto.	( )	e.	Non hanno ancora messo iL costume.
6. Gli ho già parlato.	( )	f.	Dobbiamo ancora vederlo.

Talking Point

2. He hasn't got up yet.

It's Saturday morning and Monica has been out shopping. When she gets back, her daughter Stefania is in the kitchen drinking coffee. Read their conversation, and then say whether the statements that follow are true or false.

Monica   Dov'è Giacomo?

Stefania   Non lo so. Non l'ho visto stamattina.

Monica   Come? Non si è ancora alzato? È quasi ora di pranzo.

Stefania   È andato in discoteca ieri sera. Probabilmente è stanco.

Monica   E allora? GIACOMO? GIACOMO! ALZATI! È ORA DI PRANZO! Stefania, hai riordinato la tua stanza?

Stefania   No, non ancora. Lo faccio questo pomeriggio.

Monica   Ma devi andare al festival jazz questo pomeriggio!

Stefania   Lo so, lo so.

Monica   Hai portato il cane fuori per la passeggiata? No, vero?!

Stefania   No, mi dispiace. L'ho dimenticato.

Monica	Dimenticato? Stefania, che ti succede? Dimentichi tante cose al momento. Ci sono state telefonate?
Stefania	Sì, tre ma tutte per me.

1. Giacomo è ancora a letto.   *Vero/Falso*

2. Stefania ha visto Giacomo stamattina.   *Vero/Falso*

3. Stefania non ha riordinato la sua stanza   *Vero/Falso*

4. Stefania non ha portato fuori il cane.   *Vero/Falso*

5. Hanno gia pranzato.   *Vero/Falso*

6. Non ci sono state telefonate per Monica.   *Vero/Falso*

Word Power

3. Since when? – For how long?

Reply as in the examples.

Example: a) Da quando frequenta l'Università? (1992)

Frequento l'Università dal millenovecentonovantadue.

b) Per quanto tempo si ferma qui? (2 giorni)

Mi fermo qui per due giorni.

1. Da quanto tempo vive a Firenze? (1 mese)

2. Per quanto tempo rimane a Rimini? (2 settimane)

3. Per quanto tempo ha vissuto a Roma? (1 anno)

4. Da quando abita a Pisa? (1932)

5. Da quanto tempo studia l'italiano? (6 mesi)

6. Per quanto tempo ha giocato a tennis? (3 anni)

4. Have you ever ...?

Some words have got mixed up between these sentences – write them out again correctly.

1. Ha mai mangiato la gamba?

2. È mai stato a golf?

3. Ha mai letto una boutique?

4. Ha mai giocato a vino francese?

5. Ha mai vissuto in La Divina Commedia? _____

6. Ha mai bevuto cibo cinese? _____

7. Ha mai rotto una villa? _____

8. Ha mai lavorato in un festival pop? _____

Language Focus

5. Word square

Can you find the past participles of the following verbs in the word square? The first one has been done for you.

prendere fare ricevere sentire
leggere andare vedere uscire
mangiare scrivere lasciare bere
chiedere mettere scendere

B	R	O	U	S	V	F	E	T	M	T
E	L	A	S	C	I	A	T	O	A	P
V	A	F	C	R	S	T	R	N	N	A
U	S	N	I	I	T	T	A	Z	G	C
T	L	E	T	T	O	O	P	A	I	D
O	A	C	O	T	G	P	Q	N	A	C
M	E	S	S	O	N	D	U	D	T	H
R	I	C	E	V	U	T	O	A	O	I
M	N	E	P	S	A	E	Z	T	R	E
F	G	S	E	N	T	I	T	O	D	S
C	U	O	G	Z	U	S	C	P	S	T
R	A	T	R	O	N	P	R	E	S	O

6. Choose the tense.

Choose which tense of the verb is appropriate in each sentence.

1. Da quanto tempo abiti/hai abitato a Bologna?

2. Per quanto tempo rimani/sei rimasta in Francia nel 1985?

3. Ho vissuto/vivo a Roma dal 1953.

4. Da quanto tempo sei sposata/sei stata sposata?

5. La conosco/ L'ho conosciuta nel mese di Aprile.

6. Rimango/sono rimasta per altri 2 giorni, se vuoi.

Reading Corner

7. The jazz festival

Complete the newspaper article by writing an appropriate verb in the blanks.

finito reclamato piace
ricevuto sentito vivo
dormire mandato

FESTIVAL CONTESTATO

La polizia ha ____ più di cento proteste per il rumore causato dal festival jazz al Parco Centrale Pepoli lo scorso finesettimana. "Io ___ nella strada accanto al parco da diciotto anni e non ho mai ____ un rumore così tremendo," ha detto la Sig.ra Gianna Rivera del Viale degli Olmi. "Non è ____ fino alle 10:00 e i nostri bambini non hanno potuto ____," ha detto il Sig. Paolo Trentini di Corso dell'Alberata. Sua moglie, la Sig.ra Adriana Trentini, ha detto "Abbiamo _____ con la polizia, e abbiamo ____ lettere ai giornali. Mi ___ il jazz, ma questa musica era orribile."

Write Here

8. Have you done it yet?

Monica has been out this morning, but left a list of things for Giacomo to do in the house. She's just called home to see whether he's done them or not. Look at the picture, and answer her questions, using the cues provided.

Example: pulire/macchina

Hai già pulita la macchina? or *Sì, l'ho pulita.*

1. fare/la spesa

   ----

2. comprare/giornali

   ----

3. lavare/i piatti

   ----

4. preparare/tavola

   ----

5. imbucare/le lettere

UNIT 21: I haven't seen you for ages!

In this Unit there is practice with things you say when you meet old friends and discuss what has been happening to you. There is also work with describing when something happened.

Match Game

1. Sentence halves

Match the two halves of the sentences.

1. Chi c'era
2. A Carnevale indossavano tutti
3. Quanti anni avevi
4. Elena, faceva bel tempo
5. Che cosa facevi l'anno scorso
6. A Londra pioveva sempre

( ) a. le maschere!
( ) b. al campeggio?
( ) c. alla festa di Mario?
( ) d. anche d'estate!
( ) e. in Norvegia?
( ) f. quando ti sei rotto la gamba?

Talking Point

2. I haven't seen you for ages!

Fill in the blanks with the words in the box.

l'	forse	ti	che	in	ieri	non	quindi	lì	stata	da	tuo	ancora

Elena Anna! Non _____ vedo da secoli! Come stai?

Anna Elena, _____ piacere vederti! Io sto bene. Ho sentito del _____ nuovo lavoro.

Elena Sì. Lavoro per una compagnia di viaggi _____ circa due mesi, e mi piace molto. Non sono stata molto a Firenze perché sono stata _____ Norvegia con un gruppo. E tu? Che cosa hai fatto?

Anna Io lavoro _____ in ospedale. A proposito, ho visto il tuo ex lì, _____ .

Elena Chi? Mario?

Anna Sì. Passeggiava su e giù per la sala quando _____ ho visto.

Elena Che cosa faceva _____ ?

Anna Non so. Io parlavo con un paziente in quel momento, _____ non ho potuto chiederglielo. Era seduto in un angolo e si teneva la testa.

Elena Oh, no! Un incidente?

Anna _____ . Era con una giovane donna. Lei sembrava molto arrabbiata e _____ parlavano.

Elena Ah, una zuffa!

Word Power

3. Opposites

What are the opposites of these verbs?

1. perdere _____
2. rispondere _____
3. comprare _____
4. arrivare _____

5. insegnare _____
6. ricevere _____
7. dimenticare _____
8. svegliarsi _____

4. Odd man out

Circle the word which doesn't belong in each group.

1. armadio   giornale   divano   tavolo   sedia
2. tennis   ping-pong   calcio   golf   nuoto
3. cliente   paziente   cavallo   amico   capo
4. litigare   discutere   parlare   raccontare   chiedere
5. cappotto   cappello   vestito   cucchiaio   scarpa

Language Focus

5. Old friends

You bump into an old friend you haven't seen for years and begin talking about what's been happening in your lives. Ask questions about your friend's comments, beginning "Da quanto tempo....?" as in the example.

Example: Faccio la sarta adesso.   *Davvero! Da quanto tempo fai la sarta?*

1. Studio il cinese adesso. _____
2. Mia sorella vive in Brasile adesso. _____
3. Mio fratello insegna economia adesso. _____
4. Pietro compra e vende macchine adesso. _____
5. I miei genitori giocano a golf adesso. _____
6. Lavoro in ospedale adesso. _____

6. When did it happen?

Example: Quando hai incontrato la tua ragazza? (lavorare a Londra)

L' ho incontrata mentre lavoravo a Londra.

1. Quando hai trovato i soldi? (pulire l'armadio)

   _____

2. Quando hai rotto il braccio? (sciare sulle Alpi)

   _____

3. Quando si sono sposati? (vivere in Francia)

   _____

4. Quando ha telefonato Stefania? (parlare con un cliente)

   _____

5. Quando hai perduto il borsellino? (essere dai suoi genitori)

   _____

6. Quando hai avuto l'incidente? (andare a Pisa)

   _____

Reading Corner

7. The letter

Put the pieces together to find Elena's letter to her mother.

1. con la sua nuova ragazza. Litigavano e la sua
2. tempo e così non ho comprato il tuo regalo. Mi dispiace. Lavora
3. ieri! Ero così sorpresa. Facevo delle spese alla
4. ancora all'ospedale, e la settimana scorsa ha visto Mario là
5. ragazza lo menava là all'ospedale! Ah ah ah!
6. Standa per il tuo compleanno
7. Ti ricordi della mia amica Anna? L'ho incontrata
8. peso e sta proprio bene. Abbiamo parlato per molto
9. quando l'ho vista. Ha perduto molto

Write Here

8. What were you doing when Mom came home?

What was happening when Mom came home? Look at the picture for a minute, then cover it up and answer the questions below.

1. Che cosa leggeva il signore?

2. Che cosa beveva il signore?

3. Su che cosa era seduto?

4. Dove giocavano i bambini?

5. La bambina rideva o piangeva?

6. Che cosa aveva in mano il bambino?

7. Dove era il cane?

8. Che cosa faceva il cane?

UNIT 22: What would you like ...?

In Unit 22 you will find practice talking about things which will probably happen in the future and more ways of making invitations.

Match Game

1. Similar meanings

Find a word in the second group that is similar in meaning to a word in the first group. Be careful – there are more words than you need in the second group!

amare giusto
vedere lasciare
portare grande
parlare
probabilmente

guardare grosso dire
destra prendere piacere
indossare forse cercare
orribile finire andare via
corretto cominciare tutto

Talking Point

2. Nothing will happen ...

Filippo and Monica are talking about a break during the few days' holiday coming up. Read their conversation, and then make up questions to go with the answers below.

Filippo: Stavo pensando …

Monica: Sì? A che cosa pensavi?

Filippo: A questi giorni di festa. Giovedì è festa e poi c'è il ponte tra giovedì e sabato.

Monica: Sì, è vero.

Filippo: Perché non andiamo da qualche parte? Andiamo in montagna. Potremmo andare a fare delle escursioni, a raccogliere funghi.

Monica: I ragazzi detestano raccogliere funghi _____

Filippo: Allora andremo senza i ragazzi. Sarebbe bello noi due soli.

Monica: E lasciarli soli?

Filippo: Perché no? Possono badare a loro stessi. Hanno sedici e diciasette anni!

Monica:	Lo so, ma ... e per mangiare?
Filippo:	Potrebbero andare alla tavola calda che c'è giù o alla panineria dell'angolo. Non ti preoccupare!
Monica:	E se... organizzano una festa e si ubriacano e ...
Filippo:	No, sono dei bravi ragazzi.
Monica:	Beh, mi piacerebbe andare via ...Va bene, andiamo.

Example: _A che cosa pensa Filippo?_ _____ Ai giorni di festa.

1. _____ Vorrebbe andare in montagna.

2. _____ No, non porteranno i bambini.

3. _____ No, detestano raccogliere funghi.

4. _____ Hanno 16 e 17 anni.

5. _____ No, sono dei bravi bambini.

Word Power

3. What would you like to do?

Match the questions with the correct replies.

1. Vorresti venire al cinema?
2. Vorreste fare una passeggiata?
3. Vorrebbe venire a cena stasera?
4. Vorresti passare il finesettimana con noi?
5. Vorrebbe giocare a tennis?
6. Vorreste partire con noi?

( ) a. Con piacere! Ho proprio bisogno di esercizio.
( ) b. Sfortunatamente sabato arriva mia madre
( ) c. Perché no! Dove andate?
( ) d. Ci dispiace ma siamo un po'stanchi.
( ) e. Purtroppo il film finisce troppo tardi.
( ) f. Volentieri! Qual è il suo indirizzo?

4. Adjectives

Find an appropriate word to complete these sentences.

1. Domani sarai _____ se stasera andrai a letto tardi.

2. Diventerai _____ se continuerai a mangiare caramelle.

3. Avrai _____ voti se studierai.

4. Faremo una passeggiata se il tempo sarà _____ .

5. Se verrai la _____ settimana, andremo al cinema.

6. Cambieremo casa se troveremo una casa più _____ .

Language Focus

5. *se* or *quando*?

Complete the sentences by putting *se* or *quando* in the blanks.

1. Mi saluta sempre _____ mi vede.

2. Ingrasserai _____ non farai esercizio.

3. Fa molto rumore _____ mangia.

4. Perderemo il treno _____ non vi affrettate.

5. Non supererai gli esami _____ non studi.

6. Beve sempre birra _____ ha sete.

6. Things to do

Transform each sentence as in the example.

Example: Ti piacerebbe giocare a golf? *Potremmo giocare a golf.* _____

1. Vi piacerebbe andare in pizzeria? _____

2. Ti piacerebbe guardare la televisione? _____

3. Vi piacerebbe venire a cena da noi? _____

4. Ti piacerebbe raccogliere funghi? _____

5. Ti piacerebbe fare una partita a carte? _____

6. Vi piacerebbe andare alla festa? _____

Reading Corner

7. The party invitations

Here are two party invitations that have got mixed up – can you sort them out?

1. Mamma e papà vanno via per

2. È il compleanno di Elena il prossimo

3. finesettimana (fa 30 anni!) e così

4. un paio di giorni. Ritorneranno domenica e così

5. vorremmo fare una festa per lei. Sarò in

6. faremo una grande festa! Sarà

7. sabato sera, verso le 8:30. Farò

8. casa venerdì sera verso le 8:00. Probabilmente

9. delle pizze, potresti portare

10. non avrò tempo per cucinare quindi potreste portare

11. qualcosa da mangiare?

12. qualcosa da bere?

13. Grazie. Ci vediamo sabato – Stefania.

14. Grazie. Ci vediamo venerdì – Angela

Write Here

8. Will you be all right if we go away for the weekend?

Monica is imagining all the things that Giacomo and Stefania might do if she and Filippo go away. Make up sentences like the one in the example.

Example: **Potrebbero fare una festa.** --

1. -------------------------
   ----

2. -------------------------
   ----

3. -------------------------
   ----

4. -------------------------
   ----

5. -------------------------
   ----

4. A letto fino a mezzogiorno? Sì!

3. Porta chiusa? No!

2. Tutto in ordine? No!

Example: Festa? Sì!

1. Ubriachi? Sì!

5. Televisione accesa tutto il giorno? Sì!

UNIT 23: What did you say?

In this unit you will find practice relating what people have said and how they said it.

Match Game

1. How did she say it?

Match the sentences on the left to
an appropriate ending on the right.

1. Ci sposiamo!
2. Il mio gatto è morto ieri,
3. Giacomo! Finiscila!
4. Questa è la sua nuova ragazza
5. Sh – il bambino dorme,
6. Uscite da questa parte!
7. Questa è la nostra nuova casa!

( ) a. ha detto quietamente.
( ) b. ha detto
          orgogliosamente.
( ) c. ha detto prontamente.
( ) d. ha detto felicemente.
( ) e. ha detto tristemente.
( ) f. ha detto gelosamente.
( ) g. ha detto nervosamente.

Talking Point

2. What did he say?

Elena got this phonecall from Mario last night. Today she is telling her friend Anna about it. Rewrite the conversation in her words.

Mario: Ti chiamo per salutarti.

Elena: Dove vai?

Mario: (1) Lascio Firenze e vado a Roma.

Elena: (2) Perché parti?

Mario: (3) Qui ho troppi problemi.

Elena: (4) Che tipo di problemi?

Mario: (5) Problemi di tutti i tipi. (6) Non mi piace il lavoro, al mio capo non sono simpatico, e ho molti problemi con le ragazze.

Elena: (7) Quando parti?

Mario: (8) Non so ancora. Oh senti, (9) che fai venerdì sera?

Elena: (10) Non faccio niente. (11) Perché?

Mario: (12) Ho due biglietti per il teatro.

Example: Mi ha detto che chiamava per salutarmi.

Gli ho chiesto dove andava.

1. _____

2. _____

3. _____

4. _____

5. _____

6. _____

7. _____

8. _____

9. _____

10. _____

11. _____

12. _____

Word Power

3. Find the adverbs

Find a suitable adverb to go in the blanks.

1. Suona bene il pianoforte?   No, lo suono molto _____ .

2. Fa _____ caldo oggi, vero?

3. Dopo la morte del suo gatto mi guarda sempre _____ .

4. Siamo in ritardo! Camminiamo più _____ .

5. La mamma mi ha sgridato molto _____ quando ho rotto i suoi occhiali.

6. Monica gioca a tennis davvero _____ .

7. Mi dispiace, ma non ho capito. Può ripetere più _____ ?

Language Focus

4. Adjective or adverb?

Circle the correct word in each pair.

1. Pensi che Anna è gelosa/gelosamente di me?

2. Tua figlia suona il pianoforte molto buono/bene.

3. Potresti parlare un pò più quieto/quietamente?

4. Mario aveva un'aria molto triste/tristemente, ieri.

5. Ho camminato veloce/velocemente verso la stazione, ma ho perduto lo stesso il treno.

6. Ha annunziato tranquillo/tranquillamente che partiva.

7. Non ti sento perché la televisione è così forte/fortemente.

8. Quando parla con te, è così felice/felicemente!

5. When did it happen?

Change these sentences, as in the example.

Example: Quando vai a teatro? (2 giorni)   *Sono andata a teatro 2 giorni fa.*

1. Quando vedi Mario? (1 settimana)   --

2. Quando parte il treno? (20 minuti)   --

3. Quando ritorna Elena? (3 giorni)   --

4. Quando vai all'estero? (1 mese)   --

5. Quando è la festa di Stefania? (2 giorni)   --

6. Quando andate in montagna? (2 settimane)   --

7. A che ora è l'ultimo treno? (mezz'ora)   --

Reading Corner

6. I heard it in the bank.

Monica was waiting in the line in the bank, when she overheard two young people behind her having a very interesting conversation. When she got home, she told Filippo about it. Read what she said, and then rewrite the conversation in the word balloons.

"Le ha chiesto che cosa faceva questo finesettimana e lei ha risposto che andava ad una festa. Così lui le ha chiesto dove era la festa e lei gli ha detto che era a Pepoli, e che sarebbe stata una bella festa. Lui le ha chiesto perché sarebbe stata una bella festa e lei gli ha detto perché i genitori della sua amica andavano via per il finesettimana. Così lui le ha chiesto come si chiamava la sua amica e lei gli ha detto che si chiamava Stefania e che il nome del fratello era Giacomo …"

Write Here

7. What do you say?

Answer the question as in the example.

Example: Che cosa dice quando vuole sapere il prezzo di qualcosa?

Dico: " Scusi, quanto costa questo?"

1. Che cosa dice quando vuole chiedere la via per la stazione?

2. Che cosa dice la sera prima di andare a letto?

3. Che cosa dice se vuole sedersi vicino a qualcuno in treno?

4. Che cosa dice quando vuole sapere a che ora chiude la biblioteca?

5. Che cosa dice quando vuole chiedere l'età a qualcuno?

UNIT 24: Review

This final unit gives you a chance to review all the work you have done in the previous units.

1. Opposites

What's the opposite of:

1. un po' _____
2. pulito _____
3. arrivare _____
4. tardi _____
5. differente _____

6. sempre _____
7. forte _____
8. velocemente _____
9. comprare _____
10. andare _____

2. Find the word

What are these words? There is one letter missing for each space.

1. _ _ _cc_ _ _   si portano alle orecchie
2. _ _cc_   contrario di povero
3. _ _ _ _ll_   sono piccoli e verdi
4. _ _ _ _ _ll_   si usa quando piove
5. _rr_ _ _ _ _   per niente simpatico
6. _rr_ _ _ _ _   il treno alla stazione
7. _ _ia_ _   si fa sulla neve
8. _ _ _ _ _ _ia   frutta piccola e rossa
9. _gg_   non domani
10. _ _ _gg_ _   è fatta d'acqua
11. _ _ff_ _ _ _   non facile
12. _ _ff_   una bevanda calda
13. _ _ss_   un colore
14. _ _ss_   è dove si paga

3. ha/è – aveva/era

Complete the sentences with *ha/è* or *aveva/era*.

1. Che tempo c' _____ a Oslo, quando sei andata?

2. Mario _____ trovato un altro lavoro a Roma?

3. Non _____ molti soldi l'estate scorsa.

4. _____ andata a trovare i suoi genitori.

5. Non _____ molto felice quando l'ho visto.

6. Quanti anni _____ Monica quando si è trasferita?

7. Monica _____ comprato una nuova macchina.

8. Stefania si _____ alzata alle 11:00 sabato mattina.

4. Which one means ...?

Circle the word in one of the two bubbles which corresponds to the meaning below.

1. si vive lì

2. sono musicali

3. un fiore

4. non una parte

5. un numero

6. un parente

7. si mette in testa

8. ne abbiamo venti

5. *ne*

Answer the questions below by using *ne* and the prompt/s in brackets.

1. Quanti libri gialli hai letto il mese scorso? (4) _____

2. Quante automobili hai cambiato l'anno scorso? (3) _____

3. Quante vacanze fate in un anno? (2) _____

4. Mangi mai frutta a pranzo? (sempre, molta) _____

5. Hai visto il film ieri sera? (soltanto, parte) _____

6. *qualcuno, qualcosa, nessuno* or *niente*

Write the replies to the questions below using *qualcuno, qualcosa, nessuno* or *niente*.

1. Alle feste di Rossella non c'è mai _____ che mi piace.

2. Perché non spegni la televisione? Non c'è _____ di interessante.

3. _____ vuole venire in pizzeria?

4. Mario dice che mi regala _____ di bello per il mio compleanno.

5. Permesso? C'è _____ ?

6. Ho una fame da lupo. C'è _____ nel frigo?

7. Has she done it yet?

Monica is very busy today, so she has made a list of things to do. It's now lunchtime. What things has she done? What things hasn't she done? Make sentences like the ones in the example.

comprare pane ✓

    Ha comprato il pane? Sì, l'ha già comprato.

lavare balcone

    Ha lavato il balcone? No, non ancora.

1. telefonare a mamma

2. pulire bagno ✓

3. rifare letti ✓

4. imbucare lettere

5. andare dal salumiere ✓

6. comprare giornali ✓

8. The postcard

Postcards are usually written in note form to save space - rewrite this postcard in full sentences.

Martedì. Ieri giornata caldiss., ma oggi piove. Albergo buono – piccolo, tranquillo ma con piscina grande e 2 ristoranti. Gente interessante, tanta. Andato al mare ogni giorno. Negozi difficoltà – non parlo francese! In albergo gente simpatica. Provato specialità locali, buoniss.! A presto

Pippo e Adriana.

Oggi è martedì

------

9. Questions about you

1. Che vestiti porta in questo momento?

   ------

2. A chi somiglia, a sua madre o a suo padre?

   ------

3. Com'è il tempo oggi?

   ------

4. Dove è andato in vacanza l'anno scorso?

   ------

5. Quante volte va dal dentista?

   ------

6. Ha mai fatto una dieta?

   ------

7. Dove ha vissuto quando era piccolo?

   ------

8. Da quanto tempo studia l'italiano?

Answer Key

Unit 1

1. **è:** lei/lui/Michele/Lei
   siamo: noi/io e Monica
   sono: io/il Sig. e la Sig.ra Fabbri /loro
   siete: voi
   sei: tu

2. non sono, mi, scusi, sono, piacere, è

3. Francia: francese
   Spagna: spagnolo
   Inghilterra: inglese
   Germania: tedesco
   Scozia: scozzese
   Italia: italiano
   gli Stati Uniti: americano
   Canada: canadese
   Giappone: giapponese
   Brasile: brasiliano
   India: indiano
   Australia: australiano

4. uno, due, tre, quattro, cinque, sei, sette, otto, nove, dieci

5. la, l', la, il, l', la, il, l'

6. 1. Non è francese, è spagnola.
   2. Non vengono/sono dalla Francia, vengono/sono dalla Svizzera.
   3. Non è caffè, è tè.
   4. Non si chiama Martini, si chiama Grossi.
   5. Non è celibe, è sposata.

7. Mario Cecconi è italiano. È di Pisa, ma abita a Firenze. Il suo indirizzo è Via Roma 10. Non è sposato, è celibe. Ha 31 anni. La sua ragazza si chiama Elena, viene da Firenze. È nubile e ha 29 anni.

8. Free answers

Unit 2

1. 1. d 2. e 3. b 4. a 5. f 6. h 7. c

2. un, un, un, una, una, uno, un, uno, uno, un, un, un, una, un

3. ha ventinove anni, hanno trentadue anni, ha cinquantanove anni, ha sessantadue anni, Adalgisa ha ottantun'anni

4. M, F, M, F, F, M, M, F, M, F, M, F, M, F.
   Giovanni, sorella, marito, Simona, figlio, nipote, nipote, madre, padre, nonna

5. tuo, sua, sua, suo, tua, mio

6. nipoti, fratelli, sorelle, figli, figlie, nonni, zii

7. i, i, le, i, le, i, gli

8. F, V, V, F, F, F

9. Il suo indirizzo è Via Malta, 18?
   No, è Via Dante, 18.
   È sposata?
   Sì.
   Come si chiama suo marito?
   Si chiama Filippo.
   Fa il commercialista?
   No, è insegnante.
   È di Zurigo?
   No, è italiano.

Unit 3

1. a 1, b 5, c 7, d 2, e 3, f 6, g 4

2. a, quante, ci sono, hai, un, carino, grandi, dietro, ci sono, accanto, dietro

3. **Across:** bianco, giallo, rosso, rosa
   Down: marrone, grigio, blu, violetto, nero, arancio, verde

4. 1. negozio 2. gabinetto 3. calcolatrice 4. uovo 5. palestra

5. una, dei, un, di, una, degli, di, delle, dei, delle, dei

6. 1. È a Fiesole. 2. È bianco. 3. C'è un parco. 4. È accanto all'ITALSTILI. 5. Ci sono cinque telefoni. 6. È rosa.

7. 1. piscina 2. palestra 3. telefoni 4. bar 5. libreria
   6. ufficio viaggi 7. divani, poltrone, tavolini da caffè
   8. gabinetti 9. ristorante

8. 1. Quante camere ci sono? 2. C'è una doccia?
   3. Dov'è il tinello? 4. Dov'è il giardino? 5. Ci sono alberi?

Unit 4

1. 1. j 2. f 3. b 4. a 5. d 6. i 7. c 8. e 9. g 10. h

2. 1. Giacomo, 2. Giacomo, 3. Filippo, 4. a Filippo,
   5. a Stefania.

3. 1. Sono le sette. 2. Sono le tre e trenta/mezza.
   3. Sono le undici. 4. Sono le sei e trenta/mezza.

4. 1. in bagno 2. in macchina 3. in ufficio 4. al bar
   5. in palestra 6. in trattoria

5. 3, 5, 1, 6, 4, 2

6. piace, piacciono, piace, piace, piacciono, piacciono, piace, piace

7. 1. b 2. e 3. d 4. a 5. f 6. c

8. c, f, a, e, g, b, h, d

9. 1. A Simona piace fare la spesa? – Sì, le piace tantissimo.
   2. A Monica e Simona piace ballare? – No, non gli piace per niente.

3. A Simona piace il tennis? – No, non le piace per niente.
4. A Pietro piace andare in pizzeria? – Sì, gli piace tantissimo.
5. Free answers

Unit 5

1. 1. c 2. e 3. a 4. f 5. h 6. b 7. g 8. d

2. gioco, gioco, studio, suono, leggi, cucini, guardo, vado, mangio, esco, esco

3. 1. leggere il giornale 2. andare in macchina 3. guardare la televisione 4. suonare la chitarra 5. fare la doccia 6. scrivere una lettera

4. mi sveglio, mi alzo, faccio la doccia, faccio colazione, vado a lavorare, comincio a lavorare, pranzo, finisco di lavorare, leggo il giornale, cucino la cena, guardo la televisione, vado a letto

5. 1. d 2. g 3. b 4. f 5. c 6. e 7. a

6. 1. Ci alziamo alle 8:30.
   2. Mario si alza alle 7:15.
   3. Mi chiamo Anna.
   4. La sig.ra Piccoli si sveglia alle 7:00.
   5. Ci laviamo dopo colazione.
   6. Mi alzo alle 6:45 la mattina.

7. alle, a, alle, alle, in, il, a, in, in

8. Free answers

Unit 6

1. 1. c 2. f 3. d 4. h 5. a 6. g 7. b 8. e

2. 1. blu/grigio/nero/verde 2. no 3. 120.000 4. di cotone 5. no 6. no

3. 1. cappotto 2. giacca 3. camicia 4. cravatta 5. maglione 6. scarpe 7. calze 8. pantaloni 9. vestito 10. pigiama

4. 1. quindicimila 2. cinquemilasettecentocinquanta 3. diecimila 4. dodicimilatrecento 5. trentacinquemila 6. centocinquantamila 7. trecentosettantamila 8. un milione

5. 1. la 2. li 3. le 4. le 5. li 6. lo 7. lo

6. 1. D: Quanto costa questo orologio? – R: Ottantacinquemila lire.
   2. D: Quanto costano queste cravatte? – R: Ventiduemilacinquecento lire.
   3. D: Quanto costa questa gonna? – R: Cinquantaseimila lire.
   4. D: Quanto costano queste mele? – R: Millecinquecento lire.
   5. D: Quanto costa questo ombrello? – R: Quindicimila lire.
   6. D: Quanto costano questi calzini? – R: Cinquemiladuecento lire.

7. piace, detesta, piace, piace, va, ritorna, fa, ritorna, prepara, è, mangia, detesta, cucinano, vanno

8. 1. Che taglia prende la signora?
   2. Quanto costa?
   3. Di che colore è?
   4. Quanto costano?
   5. Desidera?
   6. Ha delle cravatte?

Unit 7

1. 1. e 2. g 3. c 4. a 5. h 6. b 7. f 8. d

2. vede, lì, dritto, sulla, sinistra, fuori, o, me, da, quella, chi

3. 1. primo 2. secondo 3. terzo 4. quarto 5. quinto 6. sesto 7. settimo 8. ottavo 9. nono 10. decimo

4. 1. sigarette 2. carne 3. libri 4. caffè 5. pane 6. vino 7. prosciutto 8. dolci

5. 1. al 2. dal 3. al 4. in 5. dal 6. dal 7. al

6. 1. eccola 2. eccole 3. eccoli 4. eccolo 5. eccola 6. eccoli 7. eccolo 8. eccole

7.

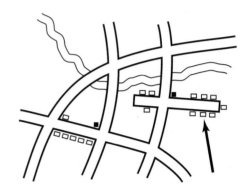

8. D: A che ora/Quando apre la Biblioteca Centrale?
   R: Dal lunedì al venerdì è aperta dalle 10:00 alle 20:00, il sabato dalle 10:00 alle 19:30, la domenica è chiusa.

   D: A che ora/Quando aprono le Poste e Telecomunicazioni?
   R: Dal lunedì al sabato è aperta dalle 8:30 alle 12:45. È chiusa dalle 12:45 alle 15:30. Apre alle 15:30 e chiude alle 18:00.

   D: A che ora/Quando apre la Banca Commerciale?
   R: Dal lunedì al giovedì è aperta dalle 8:15 alle 13:00. Il venerdì e il sabato è aperta dalle 8:15 alle 11:30.

Unit 8

1. 1. b 2. e 3. a 4. g 5. d 6. h 7. c 8. f

2. passato, fatto, litigato, litigato, visto, fermato, chiesto, spiegato, capito, pensato, stato, arrivata, visti

3. 1. palestra 2. strada 3. buono 4. domani 5. questo

4. 1. b 2. d 3. f 4. h 5. g 6. e 7. a 8. c

5. 1. capisci 2. finite 3. preferisci 4. capisci 5. finisce

6. 1. è 2. ha 3. è 4. ha 5. ha

7. 1. Dove sei andata ieri?
   2. Quando hai incontrato Maria?
   3. Che cosa avete preso in pizzeria?
   4. Quante birre avete bevuto in birreria?
   5. Dove sono andati a fare la spesa?

8. 1. Ha visto Mario in Via Roma.
   2. No, non ha visto Elena per primo.
   3. È andata a casa.
   4. Ha telefonato a sua madre.
   5. Mario ha telefonato a Elena.

9. 1.　D: Che cosa ha fatto Elena venerdì sera alle otto?
　　　R: È andata a cena da Marta.
　 2.　D: Che cosa ha fatto Mario sabato a mezzogiorno?
　　　R: Ha incontrato Marco.
　 3.　D: Che cosa ha fatto Filippo sabato pomeriggio?
　　　R: È andato in palestra.
　 4.　D: Che cosa ha fatto Anna domenica sera?
　　　R: Giorgio è venuto a casa sua.
　 5.　D: Che cosa ha fatto Angela venerdì sera?
　　　R: Ha guardato la TV.

Unit 9

1. 1. e 2. a 3. b 4. c 5. f 6. d

2. andato, divertito, stato, stato, piacciono, mangiato, bevuto, nuotato, incontrato, andato, divertiti, stato, andati, cucinato, andati, incontrato

3. 1. millenovecentoottantacinque
　 2. millenovecentosessanta
　 3. milleottocentoottantuno
　 4. millenovecentosessantasette
　 5. millesettecento
　 6. millenovecentoottantadue
　 7. millenovecentonovantaquattro
　 8. millenovecentonovanta

4. 1. in bicicletta 2. in treno 3. in auto 4. a piedi 5. in aereo
　 6. in taxi 7. in motocicletta 8. in pullman

5. 1. A Stefania e Giacomo il film non è piaciuto per niente.
　 2. Gli piacciono molto i fusilli al salame.
　 3. A Monica piace la telenovela.
　 4. Le piacciono tantissimo le rose rosse.
　 5. A Pietro non è piaciuto il regalo.
　 6. A Mario la Turchia è piaciuta moltissimo.

6. 1. si cucina 2. si dorme 3. si mangia 4. si fa il bagno
　 5. si prende il sole 6. si beve il caffè 7. si nuota
　 8. si impara 9. si fa la spesa 10. si balla

7. 1. Quando è nata Monica?
　 2. Quando si è trasferita a Firenze Monica?
　 3. Dove è andata all'università?
　 4. Che cosa ha studiato?
　 5. Quali paesi ha visitato?
　 6. Quando si è sposata?

8. 1. Ha telefonato al campeggio.
　 2. Non ha fatto la spesa.
　 3. Ha pulito la macchina.
　 4. Non è andata in banca.
　 5. Ha pulito gli scarponi.
　 6. Ha controllato la tenda.

Unit 10

1. 1. c 2. a 3. e 4. b 5. g 6. d 7. f

2. Non so. Non ho molta fame.
　 Prova la pizza. È proprio buona!
　 Ho provato la loro pizza la settimana scorsa ed era orribile.
　 Ah - beh! Prendi un panino allora.
　 Sì, va bene. Un panino al salame e un'acqua minerale.
　 Pronti per ordinare?
　 Sì, io prendo una porzione di pollo arrosto.
　 Con insalata o patatine fritte?
　 Patatine- per favore.
　 Per me un panino al salame.
　 Un pollo arrosto con patatine e un panino al salame. E da bere?
　 Un'acqua minerale e un'aranciata.

3. **Frutta:** mela, banana, pera, limone, uva, arancia, fragola
　 Verdure: lattuga, patate, piselli, carote, cipolla
　 Carni: pollo, agnello, vitello, prosciutto, maiale, salsiccia, bistecca

4. 1. Quanto vino 2. Quanti limoni 3. Quante pere 4. Quante bistecche 5. Quanta uva 6. Quante cipolle
　 7. Quanta lattuga 8. Quanto pane 9. Quanto formaggio

5. 1. del 2. un 3. uno 4. un 5. del 6. una 7. una 8. della
　 9. del 10. della 11. del 12. una

6. 1. Ne ho mezzo chilo.
　 2. Ne voglio 400 grammi.
　 3. Ne ho mangiato uno.
　 4. Ne ho tre bottiglie.
　 5. Ne voglio un chilo.
　 6. Ne voglio 2 pacchi.

7. 1. Chi ha litigato ieri? – Monica e Filippo.
　 2. Filippo ha mai fatto esercizio? – No mai.
　 3. Lui mangia molto a colazione? – Sì, molto.
　 4. Chi compra salame e birra? – Filippo.
　 5. Filippo gioca spesso a tennis? – No mai.
　 6. Quanti anni compie l'anno prossimo? – Cinquanta.

8. 1. Di solito a colazione, Elena mangia uno yogurt, del pane tostato, e un succo di frutta. Di solito a pranzo mangia dei panini.
　 2. Di solito a colazione, Filippo mangia della marmellata, del pane tostato e un caffè. Di solito a pranzo mangia spaghetti o pizza.
　 3. Di solito a colazione, Monica mangia del pane tostato e del caffè. Di solito a pranzo mangia insalata e frutta.

Unit 11

1. 1. d 2. g 3. h 4. e 5. b 6. a 7. c 8. f

2. scrivere a macchina, usare, parlare, parlare, guidare, guidare, insegnare, fare, portare, cominciare

3. 1. Sa dipingere? 2. Sa parlare francese? 3. Sa scrivere a macchina? 4. Sa cucinare? 5. Sa guidare? 6. Sa cantare?

4. **Down:** cameriere, autista, postino, pompiere
　 Across: cuoco, medico, dentista, professore, artista, avvocato, infermiera

5. 1. Puoi venire domani?
　 2. Non può telefonarmi stasera.
　 3. Non sappiamo dove vivi?
　 4. Possono fare quello che vogliono.
　 5. Sapete giocare a tennis?
　 6. Non sanno parlare francese bene.
　 7. Possiamo partire domenica mattina.

6. 1. puoi – so 2. puoi – posso 3. sai – posso
　 4. potete – sappiamo 5. può – so 6. sai – so

7. 1. perché ha trovato un nuovo lavoro
　 2. perché è molto occupata
　 3. perché lo ha chiamato
　 4. perché fa molto caldo
　 5. perché parte per la Norvegia

8. 1. Sa parlare inglese Filippo? – Sì, sa parlare molto bene.
　 2. Sa parlare inglese Giacomo? – No, non sa parlare per niente.
　 3. Sa nuotare Monica? – Sì, sa nuotare un po'.
　 4. Sanno nuotare Giacomo e Stefania? – No, non sanno nuotare per niente.
　 5. Sa giocare a tennis Giacomo? – Sì, sa giocare molto bene.
　 6. Sa parlare inglese Stefania? – Sì, sa parlare un po'.

Unit 12

1. 1. b 2. a 3. b 4. a 5. b 6. c

2. 1. alla 2. sul 3. al 4. sotto 5. nell' 6. al 7. alla

3. 1. mi 2. le 3. l' 4. gli 5. ci 6. la

4. 1. Quanto costano l'uno?
   2. Quando l'hai comprato?
   3. A che ora chiude?
   4. Di che colore è?
   5. Quanti anni ha?
   6. Hai figli?

5. 1. quei – quelli 2. quelle – quelle 3. quella – quella
   4. quegli – quelli 5. quel – quello

6. 1. Domenica sono venuti a trovarci Ezio e Stefano.
   2. Lunedì pomeriggio abbiamo fatto un po' d'esercizio.
   3 Sabato sera ho preso un gin e tonic.
   4 La settimana scorsa abbiamo letto l'oroscopo.
   5 Ieri sera sono uscito prima delle 4.

7. 1. Sì – ne ho più di dieci.
   2. Ne ho due – una in città e una al mare.
   3. Sì – ne leggo uno ogni settimana.
   4. Ce n'è una dozzina.
   5. Non so – ne ho visti molti.
   6. No – io ne ho solo uno.

8. 1. la 2. bambini 3. alle 4. a piedi 5. andati 6. del

9. Free answers

10. **Across:** 1. cameriere 6. sette 7. zia 8. uova 9. cena
    10. garage 12. bar 13. un 15. giornale 16. ciao
    Down: 2. pantaloni 3. arancio 4. piselli 5. verdura
    9. corso 11. acqua 14. no

Unit 13

1. 1. f 2. d 3. b 4. h 5. a 6. g 7. c 8. e

2 1. V 2. F 3. V 4. F 5. F 6. V

3. 1. naso 2. bocca 3. viso 4. capelli 5. occhi 6. orecchie
   7. denti 8. collo

4. 1. il 2. – 3. i 4. le 5. – 6. –

5. 1. più basso – il più basso
   2. più vecchio – il più vecchio
   3. migliore – il migliore
   4. più lungo – il più lungo
   5. più felice – il più felice
   6. più bello – il più bello
   7. più leggero – il più leggero
   8. più grosso – il più grosso
   9. peggiore – il peggiore
   10. più magro – il più magro

6. 1. Il monte Everest è la montagna più alta del mondo.
   2. Monica è più bella di sua sorella.
   3. Mario è più basso di me.
   4. È il fiume più lungo del mondo.
   5. È il più alto della sua famiglia.
   6. La mia macchina è più cara della tua.

7. magro, più, alto, capelli, castani, porto, di, ho

8. 1. Il più vecchio è Daniele.
   2. Il più giovane è Stefano.
   3. Stefano è più giovane di Angela.
   4. Angela e Daniele sono più bassi di Stefano.

5. Stefano e Daniele hanno i capelli più scuri di Angela.
6. Daniele ha i capelli più corti.

Unit 14

1. 1. quindi c 2. quindi f 3. quindi d 4. quindi b 5. quindi a
   6. quindi e

2. stai, tu, dove, telefoni, a, a, faccio, in, qui, per, giorni, fai,
   questo, degli, è, stasera, tua, chi, a che ora

3. 1. caldo 2. sopra 3. ora 4. settimana 5. ombrello
   6. calcolatrice

4. 1. bello! 2. belli! 3. bella! 4. belli! 5. belle!

5. 1. Fa brutto tempo. 2. Fa bel tempo. 3. Faceva bel tempo.
   4. Fa brutto tempo. 5. Faceva brutto tempo.

6. 1. si è alzato 2. ci stanchiamo 3. ci siamo abbronzati
   4. Ti fermi? 5. si sono svegliati 6. Vi siete riposati?

7. 1. Dove sei?
   2. Lavora oggi Elena?
   3. Quante persone ci sono nel gruppo?
   4. A chi ha telefonato Elena?
   5. Quanti bambini hanno?
   6. Per chi lavora Annalisa?
   7. Lavora Pietro?

8. 1. perché non ci piacciono gli alberghi
   2. quindi celebriamo con gli amici
   3. perché piove
   4. quindi non sono andato in vacanza
   5. quindi c'è molta pace
   6. quindi vado sempre in Francia o in Svizzera

Unit 15

1. 1. d 2. g 3. e 4. f 5. a 6. b 7. c

2. Un attimo; Scusa se ti disturbo; Credo di sì; Sì, volentieri;
   Peccato; Va bene; E dimmi; Non so ancora

3. marzo, novembre, aprile, gennaio, dicembre, agosto,
   febbraio, ottobre, settembre, maggio, luglio, giugno

4. 1. cinema 2. teatro 3. ristorante 4. balletto 5. festa
   6. discoteca 7. concerto 8. museo

5. 1. Perché non andiamo al cinema mercoledì?
   2. Perché non andiamo a giocare a golf questa domenica?
   3. Perché non andiamo a fare campeggio in agosto?
   4. Perché non stiamo a casa questa sera?
   5. Perché non facciamo una festa di compleanno?

6. 1. c 2. a 3. b 4. f 5. d 6. e

7. 6, 8, 2, 7, 3, 5, 1, 9, 4

8. 1. Mi dispiace, ma martedì alle 6 devo andare da mamma.
   2. Mi dispiace, ma il 5 di pomeriggio devo giocare a
   badminton con Tommaso.
   3. Mi dispiace, ma il 6 maggio devo badare ai bambini.
   4. Mi dispiace, ma sabato mattina devo portare i bambini a
   scuola.
   5. Mi dispiace, ma venerdì devo dipingere il bagno tutto il
   giorno.
   6. Mi dispiace, ma domenica mattina devo andare in chiesa.

Unit 16

1. 1. f 2. a 3. b 4. h 5. d 6. e 7. i 8. c 9. g

2. spesso, una volta, ogni, spesso, sempre, mai, ieri, da poco

3. 1. l'inglese, cucinare, dipingere, fare fotografie, scrivere a macchina
   2. una partita di calcio, la TV, i film, le commedie, una videocassetta
   3. il telefono, il calendario, la macchina fotografica, il computer, la chitarra, l'orologio, i soldi

4. 1. la macchina fotografica 2. i soldi 3. l'inglese
   4. l'orologio 5. il telefono

5. 1. – 2. il 3. – 4. – 5. la

6. 1. Ti dispiace se ascolto la radio?
   2. Le dispiace se leggo il giornale?
   3. Ti dispiace se ti fotografo?
   4. Le dispiace se mi siedo qui accanto?
   5. Le dispiace se chiudo la finestra?
   6. Ti dispiace se apro la porta?

7. 1. Quante volte va in piscina?
   2. Quante volte va a lezione di danza?
   3. Quante volte fa campeggio con degli amici?
   4. Quante volte va dal dentista?
   5. Quante volte viene a trovarlo sua madre?

8. Free answers

Unit 17

1. 1. la radio 2. per la stessa ditta 3. a Giorgio? Non conosco il suo numero. 4. con Giacomo e Stefania, 5. a golf? 6. a Angela, nella tua lettera?

2. 8, 5, 7, 1, 9, 2, 6, 4, 10, 3

3. 1. si scontreranno 2. pioverà 3. cadrà 4. imbucherà
   5. arriverà 6. si romperà 7. aprirà

4. 1. ascoltando 2. verranno 3. dirai 4. puoi 5. capisco

5. 1. Che tipo di macchina comprerà?
   2. Di che colore lo dipingerete?
   3. Che cosa andrete a vedere?
   4. Dove andranno?
   5. Chi inviterà?
   6. Quando comincerà?

6. 1. sarò 2. avrà 3. avrete 4. sarai 5. saremo 6. avrò

7. 1. No, non avrò problemi di soldi all'inizio del mese.
   2. No, non avrò notizie dalla mia famiglia.
   3. No, il mio partner non sarà contento.
   4. No, non ci saranno litigi con il mio capo.
   5. No, socialmente non sarà un mese tranquillo.
   6. Sì, avrò bisogno di esercizi.

8. 1. Non imparerò la chitarra, ma imparerò il pianoforte.
   2. Non diventerò un insegnante, ma diventerò un ingegnere.
   3. Non vivrò in Canada, ma vivrò in Brasile.
   4. Non guiderò la Ferrari, ma la Rolls Royce.
   5. Non sarò buona, sarò ricca.
   6. Non avrò cani, avrò cavalli.

Unit 18

1. 1. c 2. d 3. e 4. a 5. f 6. b

2. biglietti, quanto, compreso, prossimo, binario, vorrei, per conoscere

3. 1. Cioè fra quarantacinque minuti.
   2. Cioè fra un'ora.
   3. Cioè fra un quarto d'ora.
   4. Cioè fra due ore e mezza.
   5. Cioè fra un'ora.

4. 1. binario 2. lire, 3. biglietto, 4. compresa, 5. sconto , 6. andata, 7. tariffa, 8. doppia; ALISCAFO

5. 1. Mi scusi, quale? 2. Mi scusi, per dove? 3. Mi scusi, chi? 4. Mi scusi, quanto? 5. Mi scusi, da dove? 6. Mi scusi, quanti? 7. Mi scusi, quando? 8. Mi scusi, perchè?

6. 1. Potrebbe parlare più lentamente?
   2. Potrebbe darmi due biglietti di andata e ritorno per Padova?
   3. Potrebbe dirmi dov'è la stazione?
   4. Potrebbe fermarsi proprio qui?
   5. Potrei usare la sua penna?

7. 1. Abbiamo dormito in camere senza doccia.
   2. Ci siamo lavati in bagni sporchi.
   3. Abbiamo mangiato in un ristorante non buono.
   4. Abbiamo cercato di cambiare albergo ma troppo tardi.
   5. Abbiamo litigato con il direttore dell'albergo, un uomo non molto simpatico.
   6. Ma, domani ritorneremo tutti in Italia.
   7. Arriveremo a Milano con il volo delle 2:30 di pomeriggio.

8. 1. Pass.: Potrebbe dirmi quando parte il prossimo treno per Ferrara da Firenze?
      Imp.: Sì, alle 6:50.
      Pass.: E quanto ci mette?
      Imp.: un'ora e 35 minuti.
   2. Pass.: Potrebbe dirmi quando parte il prossimo treno per Venezia da Ferrara?
      Imp.: Si, alle 11:15.
      Pass.: E quanto ci mette?
      Imp.: Un'ora e 45 minuti.

Unit 19

1. 1. d 2. f 3. a 4. e 5. b 6. c

2. tornata, andato, stata, stato, riuscito, portato, pranzato, stato, sentito, stato

3. 1. stomaco 2. testa 3. polso 4. gamba 5. mano
   6. ginocchio 7. caviglia 8. piede 9. gomito 10. torace

4. 1. buono 2. scarpa 3. stilista 4. alto 5. gocce

5. 1. meglio 2. peggiore 3. migliore 4. meglio 5. peggio

6. 1. Non berlo, allora. 2. Non uscire, allora. 3. Non ridere, allora. 4. Non prenderlo, allora. 5. Non metterlo, allora. 6. Non mangiare, allora.

7. 1. Sì, ha sempre mangiato molto.
   2. No, ha perduto poco peso.
   3. No, perché non riesce a dormire.
   4. Sì, sono molto importanti.
   5. No, si incontra tanta gente interessante.
   6. No, si ha un buon aspetto.

8. 1. Mettete 1 litro d'acqua per 100gr di pasta.
2. Aggiungete il sale solo quando l'acqua bolle.
3. Buttate giù la pasta quando l'acqua bolle.
4. Mescolate spesso la pasta con un forchettone.
5. Non coprite mai la pentola mentre la cucinate.

Unit 20

1. 1. b 2. f 3. d 4. e 5. c 6. a

2. 1. V 2. F 3. V 4. V 5. F 6. V

3. 1. Vivo a Firenze da un mese.
2. Rimango a Rimini per 2 settimane.
3. Ha vissuto a Roma per un anno.
4. Abita a Pisa dal 1932.
5. Studio l'italiano da 6 mesi.
6. Ho giocato a tennis per 3 anni.

4. 1. cibo cinese 2. a un festival pop 3. La Divina Commedia
4. a golf 5. in una villa 6. vino francese 7. la gamba
8. in una boutique

5. **Across:** lasciato, letto, messo, ricevuto, sentito, preso
Down: bevuto, sceso, uscito, scritto, visto, fatto, andato, mangiato, chiesto

6. 1. abiti 2. sei rimasta 3. vivo 4. sei sposata
5. l'ho conosciuta 6. rimango

7. ricevuto, vivo, sentito, finito, dormire, reclamato, mandato, piace

8. 1. Hai già fatto la spesa? – Sì, l'ho fatta. 2. Hai già comprato i giornali? – No, non li ho comprati. 3. Hai già lavato i piatti? – No, non li ho lavati. 4. Hai già preparato la tavola? – Sì, l'ho preparata. 5. Hai già imbucato le lettere? – No, non le ho imbucate.

Unit 21

1. 1. c 2. a 3. f 4. e 5. b 6. d

2. ti, che, tuo, da, in, ancora, ieri, l', lì, quindi, forse, non

3. 1. trovare 2. chiedere 3. vendere 4. partire 5. imparare
6. mandare 7. ricordare 8. dormire

4. 1. giornale 2. nuoto 3. cavallo 4. litigare 5. cucchiaio

5. 1. Davvero! Da quanto tempo studi il cinese?
2. Davvero! Da quanto tempo vive in Brasile tua sorella?
3. Davvero! Da quanto tempo insegna economia tuo fratello?
4. Davvero! Da quanto tempo compra e vende macchine Pietro?
5. Davvero! Da quanto tempo giocano a golf tuo padre e tua madre?
6. Davvero! Da quanto tempo lavori in ospedale?

6. 1. Li ho trovati mentre pulivo l'armadio.
2. L'ho rotto mentre sciavo sulle Alpi.
3. Si sono sposati mentre vivevano in Francia.
4. Ha telefonato mentre parlavo con un cliente.
5. L'ho perduto mentre ero dai miei genitori.
6. L'ho avuto mentre andavo a Pisa.

7. 7, 3, 6, 9, 8, 2, 4, 1, 5

8. 1. il giornale 2. un caffè 3. sul divano 4. sotto il tavolo
5. piangeva 6. un cucchiaio 7. in balcone 8. abbaiava

Unit 22

1. amare – piacere; giusto – corretto; vedere – guardare; lasciare – andare via; portare – indossare; grande – grosso; parlare – dire; probabilmente – forse

2. 1. Dove vorrebbe andare Filippo?
2. Porteranno anche i bambini?
3. Ai bambini piace raccogliere funghi?
4. Quanti anni hanno?
5. Sono dei bambini cattivi?

3. 1. e 2. d 3. f 4. b 5. a 6. c

4. 1. stanco 2. grasso 3. buoni 4. bello 5. prossima
6. grande

5. 1. quando 2. se 3. quando 4. se 5. se 6. quando

6. 1. Potremmo andare in pizzeria.
2. Potremmo guardare la televisione.
3. Potreste venire a cena da noi.
4. Potremmo raccogliere funghi.
5. Potremmo fare una partita a carte.
6. Potremmo andare alla festa.

7. 1–4–6–7–9–12–13; 2–3–5–8–10–11–14.

8. 1. Potrebbero ubriacarsi.
2. Potrebbero lasciare tutto in disordine.
3. Potrebbero dimenticare la porta aperta.
4. Potrebbero dormire fino a mezzogiorno.
5. Potrebbero guardare la TV tutto il giorno.

Unit 23

1. 1. d 2. e 3. g 4. f 5. a 6. c 7. b

2. 1. Mi ha detto che lasciava Firenze e andava a Roma.
2. Gli ho chiesto perché partiva.
3. Mi ha detto che aveva troppi problemi.
4. Gli ho chiesto che tipo di problemi.
5. Mi ha detto che erano problemi di le tutti i tipi.
6. che non gli piaceva il lavoro, che non era simpatico al suo capo e che aveva problemi con le ragazze.
7. Gli ho chiesto quando partiva.
8. Mi ha detto che non sapeva ancora e.
9. mi ha chiesto che facevo venerdì sera.
10. Gli ho detto che non facevo niente.
11. Gli ho chiesto perché.
12. Mi ha detto che aveva due biglietti per il teatro.

3. 1. male 2. molto 3. tristemente 4. velocemente
5. severamente 6. bene 7. lentamente

4. 1. gelosa 2. bene 3. quietamente 4. triste 5. velocemente
6. tranquillamente 7. forte 8. felice

5. 1. L'ho visto una settimana fa.
2. Il treno è partito 20 minuti fa.
3. Elena è ritornata tre giorni fa.
4. Sono andata all'estero un mese fa.
5. La festa c'è stata due giorni fa.
6. Siamo andati in montagna due settimane fa.
7. L'ultimo treno è partito mezz'ora fa.

6. **Boy:** 1. Che cosa fai questo finesettimana?
2. Dov'è la festa?
3. Perché sarà una bella festa?
4. Come si chiama la tua amica?

Girl:
1. Vado ad una festa.
2. A Pepoli, sarà una bella festa.
3. I genitori della mia amica vanno via per il finesettimana.
4. Si chiama Stefania e suo fratello si chiama Giacomo.

7.
1. Scusi, dov'è la stazione?
2. Buona notte.
3. Le dispiacerebbe se mi siedo qui accanto?
4. A che ora chiude la biblioteca?
5. Quanti anni ha?

Unit 24

1. 1. molto 2. sporco 3. partire 4. presto 5. uguale 6. mai 7. debole 8. lentamente 9. vendere 10. venire

2. 1. orecchini 2. ricco 3. piselli 4. ombrello 5. orribile 6. arrivato 7. sciare 8. ciliegia 9. oggi 10. pioggia 11. difficile 12. caffè 13. rosso 14. cassa

3. 1. era 2. ha 3. aveva 4. è 5. era 6. aveva 7. ha 8. è

4. 1. casa 2. note 3. rosa 4. tutta 5. sette 6. nonno 7. cappello 8. dita

5.
1. Ne ho letti quattro.
2. Ne ho cambiate tre.
3. Ne facciamo due.
4. Ne mangio sempre molta.
5. Ne ho visto soltanto una parte.

6. 1. nessuno 2. niente 3. qualcuno 4. qualcosa 5. nessuno 6. niente

7.
1. Ha telefonato alla mamma? – No, non ancora.
2. Ha pulito il bagno? – Sì, l'ha già pulito.
3. Ha rifatto i letti? – Sì, li ha già rifatti.
4. Ha imbucato le lettere? – No, non ancora.
5. È andato dal salumiere? – Sì, è già andato.
6. Ha comprato i giornali? – Sì, li ha già comprati.

8. Oggi è martedì. Ieri era una giornata caldissima, ma oggi piove. L'albergo è buono, piccolo, tranquillo ma ha una piscina grande e due ristoranti. C'è tanta gente interessante. Sono andato al mare ogni giorno. Ho difficoltà nei negozi perché non parlo francese. In albergo ho incontrato gente simpatica. Ho provato le specialità locali e sono buonissime. A presto – Pippo e Adriana.

9. Free answers

Reference Section

NOUNS

	SINGULAR	PLURAL
Masculine	fratell- **o**	fratell- **i**
Feminine	sorell- **a**	sorell- **e**
Masculine	mes- **e**	mes- **i**
Feminine	canzon- **e**	canzon- **i**

ARTICLES

DEFINITE ARTICLE

	SINGULAR	PLURAL
Masculine	**il** fratello	**i** fratelli
	lo specchio	**gli** specchi
	*__l'__orologio	**gli** orologi
Feminine	**la** sorella	**le** sorelle
	*__l'__automobile	**le** automobili

*lo and la before a vowel becomes l'

Nouns ending in a consonant or an accented vowel do not change in the plural.

PREPOSITIONS WITH THE DEFINITE ARTICLE

	IL	LO	LA	L'	I	GLI	LE
a	al	allo	alla	all'	ai	agli	alle
di	del	dello	della	dell'	dei	degli	delle
da	dal	dallo	dalla	dall'	dai	dagli	dalle
in	nel	nello	nella	nell'	nei	negli	nelle
su	sul	sullo	sulla	sull'	sui	sugli	sulle

INDEFINITE ARTICLE

	SINGULAR
Masculine	**un** fratello
	un orologio
	uno specchio
Feminine	**una** sorella
	*__un'__automobile

*una before a vowel becomes un'

108

ADJECTIVES

	SINGULAR	PLURAL
Masculine	*bell- **o**	*bell- **i**
	facil- **e**	facil- **i**
Feminine	bell- **a**	bell- **e**
	facil- **e**	facil- **i**

* *Bello* (in the masculine form only) when preceding the noun behaves like the definite article.

BEFORE THE NOUN	AFTER THE NOUN
Bel giorno	Giorno **bello**
Bei giorni	Giorni **belli**
Bell'inizio	Inizio **bello**
Begli inizi	Inizi **belli**

COMPARATIVES

più … di	meno …di
"more … than"	"less … than"

SUPERLATIVES

	RELATIVE	ABSOLUTE
	il più, il meno	-issimo

Examples	
Mario è il più ricco di tutti i suoi amici	Mario è ricchissimo.
Elena è la meno ricca di tutti i suoi amici.	Elena è poverissima.

IRREGULAR COMPARATIVES AND SUPERLATIVES

	COMPARATIVE	SUPERLATIVE
buono	migliore	ottimo
cattivo	peggiore	pessimo
grande	maggiore	massimo
piccolo	minore	minimo

PRONOUNS

SUBJECT	DIRECT OBJECT	INDIRECT OBJECT	REFLEXIVE	DISJUNCTIVE
io	mi	mi	mi	me
tu	ti	ti	ti	te
egli/lui	lo	gli	si	lui
ella/lei	la	le	si	lei
Lei	La	Le	si	Lei
noi	ci	ci	ci	noi
voi	vi	vi	vi	voi
loro (m)	li	gli/a loro	si	loro
loro (f)	le	gli/a loro	si	loro

POSSESSIVE ADJECTIVES AND POSSESSIVE PRONOUNS

	SINGULAR	PLURAL
Masculine	mio	miei
	tuo	tuoi
	suo	suoi
	nostro	nostri
	vostro	vostri
	loro	loro
Feminine	mia	mie
	tua	tue
	sua	sue
	nostra	nostre
	vostra	vostre
	loro	loro

Possessive adjectives and possessive pronouns follow the same rules of agreement as adjectives. They agree with the noun following, not with the owner. Except with names of close relations used in the singular (like mamma, papà, fratello) they are preceded by the definite article.

Examples

Mio fratello si chiama Enrico.

La mia casa è molto bella.

I suoi nonni vivono a Roma.

Questi guanti sono i miei.

Questo cappello è il tuo.

VERBS

REGULAR VERBS – PRESENT TENSE

1	2	3	
comprare	**credere**	**partire**	**preferire**
compro	credo	parto	preferisco
compri	credi	parti	preferisci
compra	crede	parte	preferisce
compriamo	crediamo	partiamo	preferiamo
comprate	credete	partite	preferite
comprano	credono	partono	preferiscono

AUXILIARIES – PRESENT TENSE

essere	**avere**
sono	ho
sei	hai
è	ha
siamo	abbiamo
siete	avete
sono	hanno

REGULAR VERBS – PAST PARTICIPLE

1	2	3	
comprare	**credere**	**partire**	**preferire**
comprato	creduto	partito	preferito

AUXILIARIES – PAST PARTICIPLE

essere	**avere**
stato	avuto

REGULAR VERBS – IMPERFECT TENSE

1	2	3	
comprare	**credere**	**partire**	**preferire**
compravo	credevo	partivo	preferivo
compravi	credevi	partivi	preferivi
comprava	credeva	partiva	preferiva
compravamo	credevamo	partivamo	preferivamo
compravate	credevate	partivate	preferivate
compravano	credevano	partivano	preferivano

AUXILIARIES – IMPERFECT TENSE

essere	**avere**
ero	avevo
eri	avevi
era	aveva
eravamo	avevamo
eravate	avevate
erano	avevano

REGULAR VERBS – FUTURE TENSE

1	2	3	
comprare	**credere**	**partire**	**preferire**
comprerò	crederò	partirò	preferirò
comprerai	crederai	partirai	preferirai
comprerà	crederà	partirà	preferirà
compreremo	crederemo	partiremo	preferiremo
comprerete	crederete	partirete	preferirete
compreranno	crederanno	partiranno	preferiranno

AUXILIARIES – FUTURE TENSE

essere	**avere**
sarò	avrò
sarai	avrai
sarà	avrà
saremo	avremo
sarete	avrete
saranno	avranno

IRREGULAR VERBS IN THIS BOOK

INFINITIVE	PRESENT TENSE	PAST PARTICIPLE
aggiungere	aggiungo	aggiunto
andare	vado	andato
aprire	apro	aperto
avere	ho	avuto
bere	bevo	bevuto
chiedere	chiedo	chiesto
chiudere	chiudo	chiuso
comprendere	comprendo	compreso
conoscere	conosco	conosciuto
coprire	copro	coperto
dipendere	dipendo	dipeso
dipingere	dipingo	dipinto
dire	dico	detto
discutere	discuto	discusso
dispiacere	dispiaccio	dispiaciuto
dovere	devo	dovuto
essere	sono	stato
fare	faccio	fatto
iscriversi	iscrivo	iscritto
leggere	leggo	letto
metter(si)	(mi) metto	messo
morire	muoio	morto
nascere	nasco	nato
piacere	piace (3)	piaciuto
piangere	piango	pianto
piovere	piove (3)	piovuto
potere	posso	potuto
prendere	prendo	preso
raccogliere	raccolgo	raccolto
ridere	rido	riso
rifare	rifaccio	rifatto
rimanere	rimango	rimasto
rompere	rompo	rotto
sapere	so	saputo
scendere	scendo	sceso
scrivere	scrivo	scritto
seder(si)	(mi) siedo	seduto
spegnere	spengo	spento
splendere	splendo	———
stare	sto	stato
succedere	succede(3)	successo
tenere	tengo	tenuto
uscire	esco	uscito
vedere	vedo	visto
venire	vengo	venuto
vivere	vivo	vissuto
volere	voglio	voluto

NUMBERS

1	uno	11	undici	21	ventuno	100	cento	
2	due	12	dodici	22	ventidue	101	cent(o)uno	
3	tre	13	tredici	23	ventitrè	102	centodue	
4	quattro	14	quattordici	30	trenta	103	centotre	
5	cinque	15	quindici	40	quaranta	200	duecento	
6	sei	16	sedici	50	cinquanta	300	trecento, etc.	
7	sette	17	diciassette	60	sessanta	1.000	mille	
8	otto	18	diciotto	70	settanta	1.100	millecento	
9	nove	19	diciannove	80	ottanta	1.200	milleduecento, etc.	
10	dieci	20	venti	90	novanta	2.000	duemila	

PRICES

L 200	duecento lire
L 1.500	millecinquecento lire or millecinque
L 18.000	diciottomila lire
L 250.000	duecentocinquantamila lire
L 1.000.000	un milione

MONTHS

gennaio

febbraio

marzo

aprile

maggio

giugno

luglio

agosto

settembre

ottobre

novembre

dicembre

(all masculine)

DAYS OF THE WEEK

lunedì

martedì

mercoledì

giovedì

venerdì

sabato

domenica

(all masculine, except *domenica*)

DATES

In dates only the first of the month is expressed with the ordinal number, all the rest use cardinal numbers, as in the following examples.

1 gennaio 1860	il primo gennaio milleottocentosessanta
3 aprile 1954	il tre aprile millenovecentocinquantaquattro
30 settembre 1492	il trenta settembre millequattrocentonovantadue

TIME

In Italy the 24-hour clock is often used, although mainly in official circumstances, like opening and closing times of public places or in travel information.

10:00	le dieci
10:15	le dieci e un quarto
10:30	le dieci e mezzo/mezza/trenta
10:35	le dieci e trentacinque
10:40	le undici meno venti
10:45	le undici meno un quarto
12:00	le dodici/mezzogiorno
13:00	l'una/le tredici
14:00	le quattordici/le due (del pomeriggio)
21:00	le ventuno/le nove (di sera)
24:00	le ventiquattro/mezzanotte

Glossary

After each entry in the Glossary you will find the number of the unit in which the item of vocabulary first occurs.

(m) = masculine;   (f) = feminine;
(pl) = plural;   (1) = verb conjugation 1;
(2) = verb conjugation 2;   (3) = verb conjugation 3

A

a	in/to 2
a che ora?	at what time? 5
abbastanza	enough 4
abbronzarsi (1)	to get a suntan 14
abitare (1)	to live 1
abito (m)	item of clothing 14
accanto alla	next to the 3
accomodarsi (1)	to make oneself comfortable 16
accompagnare (1)	to accompany 8
acqua (f)	water 10
Addio	Farewell 8
adesso	now 2
adorare (1)	to adore 16
aereo (m)	aeroplane 9
aeroporto (m)	airport 18
affettuosamente	with love 2
affrettarsi (1)	to hurry 22
Africa (f)	Africa 9
agenda (f)	diary 15
aggiungere (2)	to add 19
agnello (m)	lamb 10
agosto	August 15
ah!	oh! 2
aiutare (1)	to help 15
Alaska (f)	Alaska 14
albergo (m)	hotel 3
albero da frutta (m)	fruit tree 3
all'angolo	at the corner 7
all'incrocio	at the crossroads 7
alla	at the/to the 3
alla spina	draft (beer) 8
allora!	then! 16
almeno	at least 24
Alpi (m)	Alps 21
alto	tall 13
altra	other 7
alzarsi (1)	to get up 5
amare (1)	to love 22
americano	American 1
amico (m)	friend 5
amore (m)	love 17
ampio (m)	large 3
anche	also 2

anche se	even if 14
ancora	still 4; yet 15
andare (1)	to go 4
andare a cavallo (1)	to ride a horse 12
andare in macchina (1)	to go for a drive 5
andare via (1)	to leave 22
andata e ritorno	return (ticket) 18
anguria (f)	water melon 10
anniversario (m)	anniversary 14
anno (m)	year 1
annoiato	bored 9
anzi	in fact 10
aperto	open 7
apertura (f)	opening 7
appartamento (m)	apartment 16
appuntamento (m)	date 8
aprile	April 15
aprire (3)	to open 7
arabo	Arab 23
aranciata (f)	fizzy orange 1
arancio	orange 3
armadio (m)	wardrobe 21
arrabbiato	angry 21
arredamento (m)	furnishing 2
arrivare (1)	to arrive 7
arrivederci	good bye 11
arrosto	cooked in oven, roast 10
arte (f)	art 7
artista (m)	artist 11
ascoltare (1)	to listen to 16
asparago (m)	asparagus 12
aspettare (1)	to wait 15
attenzione (f)	attention 17
attimo (m)	moment 15
attraente	attractive 9
Australia (f)	Australia 1
australiano	Australian 1
Austria (f)	Austria 24
autista (m)	driver 11
auto(mobile) (f)	car 5
autobus (m)	bus 8
avere (2)	to have 1
avere fame (2)	to be hungry 10
avere l'aria/l'aspetto (2)	to appear, look 19
avere sete (2)	to be thirsty 19
avevo	(see avere)
avuto	(see avere)
avvocato (m)	lawyer/solicitor 1

B

badare *(1)*	to look after 14
badminton *(m)*	badminton 18
bagno *(m)*	bathroom 3
balcone *(m)*	balcony 15
balena *(f)*	whale 19
ballare *(1)*	to dance 4
balletto *(m)*	classical dance 15
bambino *(m)*	child 2
banana *(f)*	banana 10
banca *(f)*	bank 1
bar *(m)*	bar/cafe' 3
barca *(f)*	boat 14
basso	short 13
beh	then 10
bel	(see bello)
bello	beautiful 6
bene	well 2; OK 14
benissimo	very well 11
bere *(2)*	to drink 5
bevanda *(f)*	drink 24
bevuto	(see bere)
bianco	white 3
biblioteca *(f)*	library 7
bicchiere *(m)*	glass 10
bicicletta *(f)*	bicycle 9
biglietto *(m)*	ticket 15
binario *(m)*	platform 18
birra *(f)*	beer 8
birreria *(f)*	German-style restaurant 8
bisogno *(m)*	need 17
bistecca *(f)*	steak 10
blu	blue 3
borsellino *(m)*	purse 21
bottiglia *(f)*	bottle 10
boutique *(f)*	boutique 20
braccio *(m)*	arm 21
Brasile *(m)*	Brazil 1
brasiliano	Brazilian 1
bravo	clever/good 14
breve	short 23
bruciare *(1)*	to burn 19
brutto	nasty 14
Buon giorno	Good morning 1
Buona sera	Good evening 2
buono	good 1
buttare giù *(1)*	to throw (into the water)19

C

cabina *(f)*	booth 7
cadere *(2)*	to fall 17
caffè *(m)*	coffee 1
calcio *(m)*	football 8
calcolatrice *(f)*	calculator 3
caldo	hot 11
calendario *(m)*	calendar 16
Calma, calma!	Keep calm! 2
calze *(f)*	tights 6

calzini *(m)*	socks 6
cambiare *(1)*	to change 17
camera *(f)*	room 3
camera da letto *(f)*	bedroom 3
cameriere *(m)*	waiter 12
camicia *(f)*	shirt 6
campeggio *(m)*	camping 9
campo *(m)*	ground 14
Canada *(m)*	Canada 1
canadese	Canadian 1
cane *(m)*	dog 15
cantante *(m)*	singer 11
cantare *(1)*	to sing 11
canzone *(f)*	song 11
capelli *(m)*	hair 13
capire *(3)*	to understand 5
capo *(m)*	boss 2
cappello *(m)*	hat 14
cappotto *(m)*	coat 6
capricciosa	naughty 4
capsula *(f)*	capsule 19
caramella *(f)*	sweet 22
carino	pretty 3
carne *(f)*	meat 4
Carnevale *(m)*	Carneval 21
caro	dear 2; expensive 13
carota *(f)*	carrot 10
carta d'identità *(f)*	ID card 7
carte *(f)*	(playing) cards 22
cartello *(m)*	notice 7
cartoni animati *(m)*	cartoons 8
casa *(f)*	house 3
casa, a	at home 5
cassa *(f)*	cash desk 7
cassetta *(f)*	tape 13
castano	chestnut colour13
cattivo	bad 13
causare *(1)*	to cause 20
cavallo *(m)*	horse 17
caviglia *(f)*	ankle 19
ce	there 3
celebrare *(1)*	to celebrate 14
celibe	unmarried *(m)* 1
cena *(f)*	supper 5
centrale	central 7
centro commerciale *(m)*	shopping centre 8
cercare *(1)*	to look for 18
certe volte	sometimes 6
certo	*(a)* certain 18; sure 19
Che taglia porta?	What size do you take? (polite) 6
che (cosa) … ?	what … ? 5
che c'è … ?	what is there … ? 4
che ne dici di … ?	what do you think of … ? 6
che ne dici … ?	how about … ? 13
che ora è/sono?	what's the time? 4
che schifo!	yuk! 4
chi?	who? 4

chiamare (1)	to call (telephone) 11
chiamarsi (1)	to be called 1
chiaro	fair 13
chiedere (2)	to ask 8
chiesa (f)	church 7
chiesto	(see chiedere)
chirurgo (m)	surgeon 19
chissà?	who knows? 8
chitarra (f)	guitar 5
chiudere (2)	to close 7
chiuso	closed 7
ci	us 8
ci mette	it takes 18
ci sono	there are 3
ciao	hello! 2
cibo (m)	food 9
ciliegia (f)	cherry 24
cinema (m)	cinema 4
cinese	Chinese 5
cinquanta	fifty 10
cinquantatre	fifty-three 3
cinque	five 1
cipolla (f)	onion 10
circa	approximately 13
città (f)	town 12
classico	classic 23
cliente (m)	customer 21
clima (m)	climate 11
cm	cm 13
coda (f)	queue 7
colazione (f)	breakfast 4
collega (m)	colleague 15
colore (m)	colour 6
colpa (f)	fault 19
coltello (m)	knife 3
come	how 8; as, like 11
come mai?	why 8
come state?	how are you? (pl.) 2
cominciare (a) (1)	to start 5
commedia (f)	comedy 16
commerciale	commercial 7
commercialista (m)	accountant 2
compagnia (f)	company 2
compiere (3)	to be (age) 10
compleanno (m)	birthday 14
comprare (1)	to buy 1
compreso	included 18
compressa (f)	lozenge 19
computer (m)	computer 3
comunicare (1)	to communicate 16
con	with 5
concerto (m)	concert 15
conoscere (2)	to know 6
contento	happy 17
contestare (1)	to oppose 20
continuare (1)	to continue 7
controllare (1)	to control 9
coperto	(see coprire)
coprire (3)	to cover 14
corn-flakes (m)	cornflakes 4
cornetto (m)	croissant 10
corretto	correct 22
corso (m)	main street 2
corto	short 13
cosa (f)	thing 20
cosa?	what? 4
così	so (therefore) 9
costare (1)	to cost 6
costoso	dear 6
costume (m)	swimsuit 20
(di) cotone	(made of) cotton 6
cravatta (f)	tie 6
credere (2)	to believe 6
cucchiaio (m)	spoon 21
cucina (f)	kitchen 3
cucinare (1)	to cook 5
cuoco (m)	chef 11

D

D = domanda	question 4
d'accordo!	agreed! 15
da	from 1; since 9
da quanto tempo?	since when? 20
da (i)	to 5
dalla	from (the) 1
dalle … alle	from … until 7
data (f)	date (day, month) 15
davvero!	really! 8
decimo	the tenth 7
del	of the 2
del/della	some 10
dentista (m)	dentist 16
dentro	inside 7
depliant (m)	brochure 9
Desidera?	Can I help you? 6
(sulla) destra	to the right 3
detestare (1)	to hate 4
detto	(see dire)
di	of/from 1
di certo	surely 17
di che	(of) what 3
di fronte	opposite 7
di nome	as first name 2
di solito	usually 5
Dica!	Feel free to speak to me! 7
dice	(see dire)
dicembre	December 15
dieci	ten 1
dieta (f)	diet 17
dietro	behind 3
differente	different 24
difficile	difficult 5
difficoltà (f)	difficulty 24
dimagrire (3)	to lose weight 19
dimenticare (1)	to forget 20
dipingere (2)	to paint 11

dire *(3)*	to say 6
direttore *(m)*	manager 18
discoteca *(f)*	discoteque 9
discutere *(2)*	to discuss 21
disordinato	untidy 16
(in) disordine	untidy 22
(mi) dispiace	I am sorry 2
dispiacere *(2)*	to mind 16
disturbare *(1)*	to disturb 15
dito *(m; pl. dita)*	finger 24
ditta *(f)*	company 17
divano *(m)*	settee 3
diventare *(1)*	to become 17
divertirsi *(3)*	to enjoy oneself 9
divertito	(see divertirsi)
dobbiamo	(see dovere)
doccia *(f)*	shower 3
dolce *(m)*	pastry cakes 7
dolcetto *(m)*	(see dolce)
domanda *(f)*	question 11
domani	tomorrow 5
domenica *(f)*	Sunday 5
donna *(f)*	woman 2
dopo	after 5
doppio	double 18
dormire *(3)*	to sleep 4
dottore *(m)*	doctor 19
dov'è	where is 1
dove	where 2
dovere *(2)*	to have to 10
dozzina *(f)*	dozen 12
dritto	straight (ahead) 7
dubbio *(m)*	doubt 10
due	two 1
durante	during 10
durare *(1)*	to last 14

E

e	and 1
eccezionale	exceptional 9
ecco	there is 1
eccola	there it is 6
economia *(f)*	economics 21
economia e commercio	business studies 9
economico	cheap 6
edificio *(m)*	building 3
effetto *(m)*	effect 19
elettrodomestici *(m)*	household appliances 3
era	(see essere)
errore *(m)*	mistake 2
esame *(m)*	exam 17
esce	(see uscire)
escursione *(f)*	excursion, outing 9
esercizio *(m)*	exercise 17
esperienza *(f)*	experience 18
espresso *(m)*	espresso coffee 4
essere *(2)*	to be 1
(d')estate *(f)*	(in the) summer 14

(all')estero	abroad 9
estivo	of summer 9
età *(f)*	age 1
etichetta *(f)*	label 6
ex *(m/f)*	past boy/girlfriend 21

F

F = falso	false 6
fa	ago 23
faccio	(see fare)
facile	easy 6
famiglia *(f)*	family 5
fare *(1)*	to do 1
fare caldo/freddo *(1)*	to be hot/cold 14
fare campeggio *(1)*	to go camping 9
fare colazione *(1)*	to have breakfast 5
fare dello sci *(1)*	to go skiing 14
fare esercizio *(1)*	to exercise 10
fare fotografie *(1)*	to take photos 16
fare il bagno *(1)*	to have a bath 8
fare la doccia *(1)*	to take a shower 5
fare la spesa *(1)*	to go (food) shopping 6
fare male *(1)*	to hurt 19
fare silenzio *(1)*	to be quiet 17
fare la spesa *(1)*	to go shopping 4
fare un bagno *(1)*	to go swimming 14
fare una passeggiata *(1)*	to go for a walk 15
fare volare un aquilone *(1)*	to fly a kite 14
fatto	(see fare)
febbraio	February 14
felice	happy 13
felicemente	happily 23
femmina *(f)*	female 12
feriale	of the week 7
fermare *(1)*	to stop 8
festa *(f)*	party 8
festival *(m)*	festival 20
figlia *(f)*	daughter 2
figlio *(m)*	son 2
filiale *(f)*	branch 2
film *(m)*	film 8
finesettimana *(m)*	week-end 5
finestra *(f)*	window 3
finire (di) *(3)*	to finish, stop 5
fino a	until 7
fiore *(m)*	flower 4
fisica *(f)*	physics 8
fiume *(m)*	river 7
forchettone *(m)*	big fork 19
formaggio *(m)*	cheese 10
forse	perhaps 6
forte	strong 13; loud 23
fortemente	loudly 23
fortunato	lucky 17
fotografa *(f)*	photographer 2
fotografia *(f)*	photo 13
fra	in (time) 17
fragola *(f)*	strawberry 10

francese	French 1
Francia *(f)*	France 1
francobollo *(m)*	stamp 7
fratello *(m)*	brother 2
freddo	cold 11
frequentare *(1)*	to attend 20
fresco	fresh 10
frigo *(m)*	fridge 3
frittata *(f)*	omelette 11
frutta *(f)*	fruit 10
fumare *(1)*	to smoke 16
fungo *(m)*	mushroom 22
fuori	out(side) 7
fusilli *(m)*	pasta twists 9

G

gabinetto *(m)*	toilet 3
Galleria *(f)*	Gallery 7
gamba *(f)*	leg 19
garage *(m)*	garage 3
gatto *(m)*	cat 3
gelato *(m)*	ice-cream 24
gelosamente	jealously 23
geloso	jealous 17
generalmente	generally 5
genitore *(m)*	parent 5
gennaio	January 14
gente *(f)*	people 19
Gentile	(no translation, only in address) 2
gentile	kind 15
Germania *(f)*	Germany 1
già	already 15
giacca *(f)*	jacket 6
giallo *(m)*	detective (story) 8
giallo	yellow 3
Giappone *(m)*	Japan 1
giapponese	Japanese 1
giardino *(m)*	garden 3
gin e tonic *(m)*	gin and tonic 12
ginocchio *(m)*	knee 19
giocare (a) *(1)*	to play 5
giornalaio *(m)*	newspaper kiosk 7
giornale *(m)*	newspaper 4
giornata *(f)*	day 14
giorno *(m)*	day 7
giovane *(m/f)*	young person 13
giovane	young 21
giovedì *(m)*	Thursday 5
girare *(1)*	to turn 7
giro *(m)*	tour 14
giù	below 22
giugno	June 15
giusto	right 22
gli	to him 4
goccia *(f)*	drop 19
gola *(f)*	throat 19
golf *(m)*	golf 15

gomito *(m)*	elbow 19
gonna *(f)*	skirt 6
gr. *(m)*	gr. 10
grande	big 2
grasso	fat 10
grato	grateful 17
grazie	thanks 1
Grecia *(f)*	Greece 16
greco	Greek 16
grigio	grey 3
grosso	large/big 2
gruppo *(m)*	group 11
guanti *(m)*	gloves 6
guardare *(1)*	to watch 5
guida *(f)*	guide 11
guidare *(1)*	to drive 5

H

ha	(see avere)

I

idea *(f)*	idea 6
ieri	yesterday 8
il	the 1
il loro	their 2
imbucare *(1)*	to post 17
imparare *(1)*	to learn 9
impiegato *(m)*	assistant 18
importante	important 19
importare *(1)*	to matter 11
in	at/in 3
in fondo	at the end 7
in tutto	altogether 18
incidente *(m)*	accident 21
incontrare *(1)*	to meet 8
India *(f)*	India 1
indiano	Indian 1
indirizzo *(m)*	address 1
indossare *(1)*	to wear 21
infatti	in fact 3
infermiera *(f)*	nurse 11
influenza *(f)*	flu 19
informazione *(f)*	information 8
ingegnere *(m)*	engineer 2
Inghilterra *(f)*	England 1
inglese	English 1
ingrassare *(1)*	to get fat 19
ingresso *(m)*	lobby 3
inizio *(m)*	beginning 16
insalata *(f)*	salad 10
insegnante *(m/f)*	teacher 2
insegnare *(1)*	to teach 11
insieme	together 3
interessante	interesting 5
internazionale	international 2
invece	but 4
(in) inverno *(m)*	(in) winter 14
invitare *(1)*	to invite 15

invito (m)	invite 15
io	I 1
iscriversi (2)	to enrol 19
Italia (f)	Italy 1
italiano	Italian 1
jazz (m)	jazz 20
jeans (m)	jeans 6

K

kg. (m)	kg 10

L

L = lira (f)	Italian currency 6
l'uno	each 12
la	it 6
(di) là	(over) there 7
(di) lana	(made of) wool 6
largo	large 23
lasagne (f)	lasagne 12
lasciare (1)	to leave 21
latte (m)	milk 4
lattuga (f)	lettuce 10
lavandino (m)	sink 3
lavare (1)	to wash 14
lavarsi (1)	to wash oneself 5
lavatrice (f)	washing machine 3
lavorare (1)	to work 2
lavoro (m)	work 2
Le	to you (polite) 4
le sta bene!	it suits you! (polite) 6
le	to her 4; them 6
leggere (2)	to read 5
leggero	light 13
Lei	you (polite) 1
lei	she 1; her 4
lettera (f)	letter 5
(a) letto	in bed 4
lezione (f)	lesson 8
li	them 6
lì	there 6
libero	free 5
libreria (f)	bookshop 3
libro (m)	book 1
limone (m)	lemon 10
lirico	of opera 11
litigare (1)	to argue 8
litigio (m)	argument 17
lo	it 4
locale	local 24
lontano	far 7
loro	they 1; them 5
lui	he 1
lunedì (m)	Monday 5
lungo	long 9

M

Ma che!	It is not what you think! 8
Ma come?	How come? 4
Ma no!	Not true! 4
ma	but 1
macchina (f)	car 4
macchina fotografica (f)	camera 15
macellaio (m)	butcher 7
madre (f)	mother 2
maggio	May 15
maggiore	older 24
maglietta (f)	T-shirt 23
maglione (m)	jumper 6
magnifico	magnificent 14
magro	slim 13
mai	ever, never 9
maiale (m)	pork 10
mal (di testa) (m)	(head)ache 19
male	badly 8; unwell 19
mamma (f)	mom/mum 2
mandare (1)	to send 20
mangiare (1)	to eat 5
mano (f)	hand 19
mare (m)	sea 9
marito (m)	husband 2
marmellata (f)	jam 10
marrone	brown 3
Marsala	Marsala wine 10
martedì (m)	Tuesday 5
marzo	March 15
maschera (f)	mask 21
maschio (m)	male 12
matinée (m)	matinée 15
mattina (f)	morning 8
maturo	ripe 10
me	me 4
medio	medium 6
meglio (adv)	better 19
mela (f)	apple 6
melone (m)	melon 10
menare (1)	to hit 21
meno	to (time) 5
mentre	while 19
mercoledì (m)	Wednesday 5
mescolare (1)	to stir 19
mese (m)	month 9
mettere (2)	to put 20
mettersi (2)	to put on 19
mettersi a dieta (2)	to start a diet 19
mettersi a letto (2)	to go to bed 19
mezzo/a	half 18
mezzogiorno	midday 5
mi	me 1
migliorare (1)	to improve 19
migliore	better 19
millenovecentosessantanove	1969 9
minerale	mineral (water) 10
minuto (m)	minute 18
mio/a	my 2
moderno	modern 7
modo (m)	way 16

moglie *(f)*	wife 2	**nota** *(f)*	musical note 24
moltissimo	very much 4	**notizia** *(f)*	news 2
Molto lieto!	pleased to meet you 2	**notte** *(f)*	night 8
molto	very 1; much 3	**nove**	nine 1
(al) momento	at the moment 6	**novembre**	Novembre 15
mondo *(m)*	world 13	**nubile**	unmarried (F) 1
montagna *(f)*	mountain 13	**numero** *(m)*	number 17
monte *(m)*	mount 13	**nuotare** *(1)*	to swim 4
morbido	soft 13	**nuoto** *(m)*	swimming 4
morire *(3)*	to die 23	**nuovo**	new 1
mortadella *(f)*	mortadella 10		

O

morte *(f)*	death 23	**o**	or 3
motocicletta *(f)*	motocycle 9	**obeso**	obese 19
muro *(m)*	wall 12	**Occasionissima!**	Bargain 3
museo *(m)*	museum 12	**occhiali** *(m)*	glasses 7
musica *(f)*	music 9	**occhio** *(m)*	eye 13
musicale	musical 24	**occupato**	busy 5
muso *(m)*	long face 23	**oculista** *(m)*	optician 19
		oggi	today 7

N

		ogni	every 5
naso *(m)*	nose 13	**olio** *(m)*	oil 9
nato	born 9	**ombrello** *(m)*	umbrella 6
nazionalità *(f)*	nationality 1	**opposto** *(m)*	opposite 11
ne	of it/them 3	**opposto**	contrary 24
nè … nè	neither … nor 11	**ora** *(f)*	hour 18
neanche	neither 16	**ora**	now 14
nebbia *(f)*	fog 14	**orario** *(m)*	timetable 7
negozio *(m)*	shop 3	**ordinare** *(1)*	to order 10
nell'angolo	in the corner 3	**(in) ordine**	tidy 22
nella 40	in a size 12 6	**orecchino** *(m)*	earring 13
nella	in the 3	**orecchio** *(m)*	ear 24
nero	black 3	**organizzare** *(1)*	to organise 22
nervosamente	nervously 23	**orgogliosamente**	proudly 23
nessun	not any 16	**orientale**	oriental 5
neve *(f)*	snow 14	**orologio** *(m)*	watch 6
nevicare *(1)*	to snow 14	**oroscopo** *(m)*	horoscope 12
niente	nothing 8	**orribile**	horrible 10
nipote *(f)*	niece/granddaughter 2	**ospedale** *(m)*	hospital 21
nipote *(m)*	nephew/grandson 2	**ottavo**	the eighth 7
no	no 1	**ottimo**	excellent 11
no?	wasn't it? 9	**otto**	eight 1
noi	we 1	**ottobre**	October 15

P

noioso	boring 19		
nome *(m)*	name 1	**P = possibile**	possible 6
non (lo) so	I don't know 6	**pacco** *(m)*	packet 10
non mai	never 9	**pace** *(f)*	peace 14
non	not 1	**padre** *(m)*	father 2
non vedere l'ora *(2)*	to look forward, not be able to wait 15	**paese** *(m)*	country 1
		pagare *(1)*	to pay 24
non … mai	never 6	**(un) paio** *(m)*	(a) pair 22
non … più	no more 4	**palestra** *(f)*	gym 3
nonna *(f)*	grandmother 2	**pane** *(m)*	bread 7
nonno *(m)*	grandfather 2	**panettiere** *(m)*	bakery 7
nono	the ninth 7	**Panineria** *(f)*	sandwich bar 22
nordico	northern 11	**panino** *(m)*	bread roll 10
normalmente	usually 5	**pantaloni** *(m)*	trousers 6
Norvegia *(f)*	Norway 11		
nostro/a	our 7		

pantofole *(f)*	slippers 7	**pillola** *(f)*	pill 19
papà *(m)*	daddy 2	**ping-pong** *(m)*	table tennis 21
parco *(m)*	public gardens 3	**pioggia** *(f)*	rain 14
parente *(m)*	relative 24	**piovere** *(2)*	to rain 14
parlare *(1)*	to speak 11	**piscina** *(f)*	swimming pool 3
parmigiano *(m)*	Parmesan 10	**pisello** *(m)*	pea 10
parte *(f)*	side 7	**(di) più (di)**	more (than) 9
(da qualche) parte	somewhere 22	**piuttosto**	rather 13
partire *(3)*	to leave 18	**pizza** *(f)*	pizza 10
partita *(f)*	match, game 8	**pizzeria** *(f)*	pizza restaurant 4
partner *(m/f)*	partner 15	**poesia** *(f)*	poem 5
party *(m)*	party 13	**poi**	after 8; then 9
passare	to spend 8	**polizia** *(f)*	police 20
passeggero *(m)*	passenger 16	**pollo** *(m)*	chicken 9
passeggiata *(f)*	walk 9	**polso** *(m)*	wrist 19
pasta *(f)*	pasta 19	**poltrona** *(f)*	armchair 3
pasticceria *(f)*	cake shop 7	**pomeriggio** *(m)*	afternoon 8
pastiglia *(f)*	tablet 19	**ponte** *(m)*	day taken off between holidays or weekends 22
pasto *(m)*	meal 12		
patata *(f)*	potato 10	**popolare**	popular 6
patatine fritte *(f)*	chips 10	**porta** *(f)*	door 3
patente *(f)*	driving licence 11	**portare** *(1)*	to wear 6; to take, bring 11
paziente *(m/f)*	patient 21	**porzione** *(f)*	portion 10
Peccato!	Shame! 15	**posso**	(see potere)
peggio *(adv)*	worse 19	**posta** *(f)*	post office 7
peggiore *(adj)*	worse 19	**Poste e Telecomunicazioni** *(f)*	Post Office 7
(di) pelle *(f)*	(made of) leather 6	**posto** *(m)*	place 15
penna *(f)*	pen 18	**potere** *(2)*	to be able to 7
pensare (di/a) *(1)*	to think 8	**potuto**	(see potere)
pensato	(see pensare)	**pranzare** *(1)*	to dine 5
pentola *(f)*	saucepan 19	**pranzo** *(m)*	meal 10
per	for 2; along 8	**preferire** *(3)*	to prefer 4
per favore	please 1	**Prego?**	Can I help you? 7
per niente	at all 4	**prendere** *(2)*	to take 6
per quanto tempo?	for how long? 20	**prendere il sole** *(2)*	to sunbathe 9
pera *(f)*	pear 10	**prenotare** *(1)*	to book 18
perché	why 8; because 11	**preoccuparsi** *(1)*	to worry 11
perdere *(2)*	to lose 19	**preparare** *(1)*	to prepare 6
persona *(f)*	person 3	**preso**	(see prendere)
pesca *(f)*	fishing 8	**presto**	early 5
pesce *(m)*	fish 6	**presto, a**	see you soon 24
peso *(m)*	weight 19	**prezzo** *(m)*	price 6
piacciono	(see piacere)	**prima (di)**	before 5
piace	(see piacere)	**(in) primavera** *(f)*	(in) spring 14
piacere *(2)*	to like 4	**primo**	the first 7
Piacere!	Pleased to meet you! 2	**probabilmente**	probably 20
piacerebbe	(see piacere)	**problema** *(m)*	problem 8
piangere *(2)*	to cry 21	**professore** *(m)*	teacher 1
pianista *(m)*	pianist 11	**prontamente**	readily 23
piano *(m)*	floor 7	**pronto**	hello 2
Pianobar *(m)*	bar with live music 16	**pronto**	ready 4
pianoforte *(m)*	piano 11	**proposito, a**	by the way 21
piatto *(m)*	dish 5	**proprio**	just 3; truly 8
piccolo	small 3	**prosciutto** *(m)*	ham 7
piede *(m)*	foot 19	**proseguire** *(3)*	to carry on 7
piedi, a	on foot 9	**prossimo**	next 10
pigiama *(m)*	pijamas 6	**protesta** *(f)*	complaint 20
pigro	lazy 4	**provare** *(1)*	to try (on) 6

pubblico *(m)*	public 7
pulire *(3)*	to clean 9
pulitissimo	(very) clean 9
pullman *(m)*	coach 9
può	(see potere)
puoi	(see potere)
pure	by all means 16
purtroppo	unfortunately 15

Q

quadro *(m)*	picture 12
qualche	some 5
qualche volta	sometimes 5
qualcosa	something 12
qualcuno	someone 18
quale	which (one) 8
quando	when 5
quant'è?	how much is it? 6
quanto (costa)?	how much? 2
quarantacinque	forty-five 5
quarto *(m)*	quarter 5
quarto	the fourth 7
quasi	almost 16
quattro	four 1
quegli	(see quello)
quello	that 7
questo	this 1
qui	here 7
quietamente	quietly 23
quieto	quiet 23
quindi	then 7; therefore 14
quindici	fifteen 5
quinto	the fifth 7

R

R = risposta *(f)*	reply 4
raccogliere *(2)*	to collect 22
raccontare *(1)*	to tell 8
radio *(f)*	radio 16
raffreddore *(m)*	cold 19
ragazza *(f)*	girl(friend) 1
ragazzo *(m)*	boy(friend) 1
reclamare *(1)*	to complain 20
regalare *(1)*	to give as a present 15
regalo *(m)*	present 6
relazione *(f)*	report 15
reparto *(m)*	department 7
respirare *(1)*	to breathe 11
restare *(1)*	to remain 18
ricco	rich 23
ricevere *(2)*	to receive 20
ricordarsi (di) *(1)*	to remember 14
ricordo *(m)*	memory 17
ridere *(2)*	to laugh 19
ridotto	reduced 18
rifare *(1)*	to remake 24
rimanere *(2)*	to stay 20
rimango	(see rimanere)

rimasto	(see rimanere)
riordinare *(1)*	to tidy 20
ripartire *(3)*	to leave again 14
ripetere *(2)*	to repeat 23
riposarsi *(1)*	to rest oneself 14
rispondere *(2)*	to answer 21
ristorante *(m)*	restaurant 3
risultato *(m)*	result 19
(in) ritardo *(m)*	late 4
ritornare *(1)*	to return 5
ritorno, al	on the way back 19
riuscire *(3)*	to be able to 19
rivista *(f)*	magazine 7
romanzo *(m)*	novel 8
rompere *(2)*	to break 17
rosa *(f)*	rose 9
rosa	pink 3
rosso	red 3
rosticceria *(f)*	rotisserie restaurant 9
rotondo	round 12
rumore *(m)*	noise 20
rustico	homemade looking 8

S

sabato *(m)*	Saturday 5
sai cosa?!	do you know what?! 2
sala *(f)*	hall 21
salame *(m)*	salami 9
sale *(m)*	salt 19
salsiccia *(f)*	sausage 10
salumiere *(m)*	delicatessen (proprietor) 7
salutare *(1)*	to say hello 22
salute *(f)*	health 17
sano	healthy 17
sapere *(2)*	to know 2
sapone *(m)*	soap 3
sappiamo	(see sapere)
sarta *(f)*	dressmaker 21
sauna *(f)*	sauna 3
sbagliarsi *(1)*	to make a mistake 7
sbornia *(f)*	heavy drinking session 19
scacchi *(m)*	chess 11
scala *(f)*	ladder 17
scarpa *(f)*	shoe 6
scarponi *(m)*	walking boots 9
scendere *(2)*	to get off 20
sciare *(1)*	to ski 12
sciarpa *(f)*	scarf 14
sciroppo *(m)*	cough mixture 19
scoglio *(m)*	rocks 14
sconosciuto	stranger 5
scontrarsi *(1)*	to crash 17
scorso	past 9
Scozia *(f)*	Scotland 1
scozzese	Scottish 1
scrivere *(2)*	to write 5
scrivere a macchina *(2)*	to type 11
scuola *(f)*	school 9

scuola media (f)	secondary school 16
scuro	dark 13
Scusami	sorry (informal) 13
(mi) scusi	sorry (formal)/excuse me 1
se	if 4
secolo (m)	age 21
secondo	the second 7
sedersi (2)	to sit down 14
sedia (f)	chair 3
seduto	sitting 21
segnare (1)	to say (in clocks) 16
segretaria (f)	secretary 11
seguire (3)	to attend 16
sei	(see essere)
sei	six 1
sembrare (1)	to appear, seem 17
sempre	always 5
sempre dritto	straight ahead 7
Senta!	Listen! (polite) 7
sentire (3)	to feel, listen 16; to hear 17
senz'altro	no doubt 19
senza	without 3
separato	detached 3
sera (f)	evening 5
serale	of the evening 12
servire (3)	to be (used) for 16
sesto	the sixth 7
(di) seta (f)	(made of) silk 6
sette	seven 1
settembre	September 15
settimana (f)	week 10
settimo	the seventh 7
sfortunatamente	unfortunately 22
sgridare (1)	to tell off 23
sì	yes 1
sia … che	both 21
siamo	(see essere)
siedo	(see sedersi)
Sig.	Mr 1
Sig.na	Miss 1
Sig.ra	Mrs 1
sigaretta (f)	cigarette 7
signore (m)	man 16
silenzio (m)	silence 17
simpatico	likeable 13
singolo	single (room) 18
(sulla) sinistra	on the left 3
snello	slim 19
so	(see sapere)
socialmente	socially 17
soggiorno (m)	living room 3
sola andata	single (ticket) 18
soldi (m)	money 9
sole (m)	sun 14
solo	lonely, alone 19; only 10
soluzione (f)	solution 19
somigliare (1)	to look like 24
sono	(see essere)
sopra	on/over 14
sorella (f)	sister 2
sorpreso	surprised 21
sotto	underneath 3
spaghetti (m)	spaghetti 10
Spagna (f)	Spain 1
spagnolo	Spanish 1
specialità (f)	speciality 24
spegnere (2)	to switch off 24
spesso	often 5
spiaggia (f)	beach 9
spiegare (1)	to explain 8
splendere (2)	to shine 14
sporco	dirty 18
sportivo	casual 6; (of) sport 14
sposarsi (1)	to get married 1
stamattina	this morning 19
stancante	tiring 19
stancarsi (1)	to tire oneself 14
stanco	tired 19
Standa (f)	name of a department store 21
stanza (f)	room 17
stare (1)	to stay 5
stare bene (1)	to be well 2
stasera	this evening 5
Stati Uniti (m)	United States 1
stato	(see essere)
stato civile (m)	marital status 1
stazione (f)	station 18
stesso	same 5; self 22
stilista (m/f)	stylist 2
stivale (m)	boot 6
stomaco (m)	stomach 19
storia (f)	tale 8
strada (f)	road 7
straniero (m)	foreign person 16
straniero	foreign 11
strano	strange 16
studiare (1)	to study 1
stupendo	wonderful 14
su	on 21
sù e giù	up and down 21
subito	straight away 6
succedere (a) (2)	to happen 19
succo di frutta (m)	fruit juice 10
sul dietro	at the back 3
sulla	on the 3
suo/a	his/her 2
suonare (1)	to play 5
superare (1)	to pass 17
supermercato (m)	supermarket 7
supplemento rapido (m)	surcharge to travel on express trains 18
supplente (m/f)	supply teacher 16
svegliarsi (1)	to wake up 5
Svizzera (f)	Switzerland 1
svizzero	Swiss 1

T

tabaccaio (m)	tobacconist 7
tabaccheria (f)	tobacconist's 7
taglia (f)	size 6
tantissimo	very much 8
tanto	a lot 1
tappeto (m)	carpet 3
tardi	late 4
tariffa (f)	charge 18
tassista (m)	taxi driver 18
Tavola calda (f)	snack bar 22
tavolino da caffè (m)	coffee table 3
tavolo (m)	table 3
(a) tavola	on the table 4
taxi (m)	taxi 9
tazza (f)	cup 10
te	you 4
tè (m)	tea 1
teatro (m)	theatre 15
tedesco	German 1
telefonare (1)	to phone 8
telefonata (f)	phone call 17
telefonico	telephone 7
telefono (m)	telephone 3
telegiornale (m)	news on TV 16
telenovela (f)	TV serial 9
televisione (f)	television 3
tempo (m)	weather 14; time 16
tenda (f)	tent 9
tenere (2)	to hold 15
tennis (m)	tennis 4
terribile	terrible 19
terza	the third 7
testa (f)	head 19
tinello (m)	dining area 3
tipo (m)	type 13
toilette (f)	toilet 3
torace (m)	chest 19
tornare (1)	to come back 19
torta (f)	cake 19
tosse (f)	cough 16
tostato	toasted 10
tra	between 3
traduzione (f)	translation 15
tramonto (m)	sunset 14
tranquillamente	quietly 23
tranquillo	quiet 17
trasferire (3)	to transfer 9
trattoria (f)	economical restaurant 3
tre	three 1
tremendo	horrid 19
treno (m)	train 9
trentuno	thirty-one 1
triste	sad 23
tristemente	sadly 23
troppo	too (much) 11
trovare (1)	to find 8
trovare (1)	to visit 5

tu	you (s) 1
tuo/a	yours 2
Turchia (f)	Turkey 9
turista (m/f)	tourist 7
turistico	for the tourists 11
tuta (f)	overall 24
tutto	all 5
TV (f)	TV 8

U

ubriacarsi (1)	to get drunk 22
ubriaco	drunk 13
Ufficio Postale (m)	post office 7
ufficio (m)	office 2
uguale	same 5
ultimo	last 11
un	a/an 1
un po'/poco (di)	a little 4
università (f)	university 20
uno	one 1
uovo (m)	egg 3
usare (1)	to use 11
uscire (3)	to go out 5
uva (f)	grapes 10

V

V = vero	true 6
Va bene!	OK! 7
va	(see andare)
va là	well I never 9
vacanza (f)	vacation 9
vado	(see andare)
vai	(see andare)
vecchio	old 13
vedere (2)	to see 5
vegetariano	vegetarian 4
veloce	fast 23
velocemente	fast 18
vendere (2)	to sell 7
venerdì (m)	Friday 5
venga	(see venire)
vengono	(see venire)
venire (3)	to come 1
ventinove	twenty-nine 1
ventiquattro	twenty-four 2
vento (m)	wind 14
ventuno	twenty-one 4
venuto	(see venire)
veramente	indeed 9
veranda (f)	sheltered balcony 14
verde	green 3
verdure (f)	greens 10
vero?	isn't it? 5
verrà	(see venire)
verso	about 6
vestito (m)	dress 6
vetrina (f)	shop window 6
via (f)	road, street 1; way 23
viaggio (m)	travel 3

Viale (m)	avenue 20
vicino (a)	near 3
videocassetta (f)	video cassette 16
viene	(see venire)
villa (f)	villa 20
villetta (f)	small villa 3
vino (m)	wine 4
violetto	violet 3
visitare (1)	to visit 9
vissuto	(see vivere)
visto	(see vedere)
vita (f)	life 5
vitello (m)	veal 10
vivere (2)	to live 5
voglio	(see volere)
volentieri	gladly 5
volere (2)	to want 5
volo (m)	flight 18

(una) volta (f)	time (once) 15
vorrebbe	(see volere)
vorrei	(see volere)
vostro	yours (pl) 2
voto (m)	mark 22
vuoi	(see volere)
vuole	(see volere)

W

whisky (m)	whisky 16
word-processor (m)	word processor 11
yogurt (m)	yogurt 10

Z

zia (f)	aunt 2
zio (m)	uncle 2
zucchero (m)	sugar 10
zuffa (f)	fight 21